GUÍA PARA LIDIAR CON LA ANSIEDAD Y ATAQUES DE PÁNICO

EL LIBRO DE TRABAJO COMPROBADO PARA EL
INTROVERTIDO PARA REMEDIAR LA ANSIEDAD Y
SOBRELLEVAR LA TIMIDEZ: PARA NIÑOS,
ADOLESCENTES Y ADULTOS

BENITO MANRIQUE

ÍNDICE

INTRODUCCIÓN

Mi estimado lector, ¿has sentido alguna vez temor de subir al avión, o mirar abajo cuando te encuentras en un edificio?, de ser así es posible que estés experimentando una manifestación de ansiedad que termina por convertirse en una fobia. Quiero darte una especial bienvenida a este trabajo que tienes en este momento, te invito a que te prepares a dar un vistazo a uno de los más completos estudios que puedes encontrar en este momento respecto a la ansiedad y todo lo que esta representa.

No tengo más propósito en este momento que ponerte frente a frente a las posibles situaciones que puedas estar manifestando en tu vida, y necesitas saber si en verdad es producto de algún desequilibrio ansioso o es algo normal. Lo que te he mencionado a principio de esta introducción es solo un pequeño ejemplo de los distintos trastornos de ansiedad que pueden existir, de hecho quizás sean los menos importantes, es posible que un alto porcentaje de personas que van a abordar el avión sientan un nivel de temor ante la idea latente que este pueda sufrir un desperfecto y precipitarse a tierra una vez haya emprendido el vuelo.

Pero esto es solo un pequeño síntoma, ya que sentir temor es algo normal, el temor puede llevar a desatar un estado de ansiedad y esa ansiedad es el medio por el cual puedes mantenerte a salvo ante un posible peligro, sin embargo, hay un nivel más preocupante de esta situación y es cuando dicho temor se convierte en una ansiedad incontrolable.

Entonces es sumamente importante poder definir qué es la ansiedad y aprender cuáles son sus características principales, de esa forma se puede manejar un concepto claro y entender si lo que puedes estar presentando es algo de lo que hay que preocuparse o no.

Pues justo en esa dirección es que va este libro, en el primer capítulo vas a encontrar la definición y los principales síntomas que se asoman en la vida de alguien que este presentando un cuadro de ansiedad a los niveles que pueda considerarse una patología.

La intensión es ir un poco más allá y no quedarnos solo en las vagas definiciones que no conducen a nada, ya que dichos conceptos son de fácil acceso en este momento puntual de la historia de la humanidad, se trata de aplicar estos conceptos al día a día, a la propia vida, no solo una teoría que se encuentre en cualquier libro de bachillerato, sino el cómo es qué esto que estamos presentando ahora mismo se convierte en algo que puedas comparar contigo mismo, que puedas aplicar en tu vida y saber si en realidad pudieras estar enfrentándote a un cuadro ansioso.

Sobre todo este primer capítulo va en dirección de aclaración, es que hay tantas dudas que surgen en este sentido por lo que se hace preciso convertirlo en un capítulo de orientación.

¿Sabes que es el estrés?

¿Cuál es la diferencia entre estrés y ansiedad?

Todas estas dudas quedan completamente resuelta desde el primer capítulo, y no es algo que resulte casual ni frívolo, sino que no existe una mejor manera de iniciar este libro que despejando esta duda en particular, ya que durante mucho tiempo se ha tenido la tendencia de confundir una y otra, o sea, se ha manejado estos dos términos de manera indiscriminada, como si se tratara de uno solo, y esto es importante aclararlo para poder lograr el objetivo principal de este libro que no es otra cosa que brindar la orientación necesaria a las personas que puedan estar padeciendo un trastorno de ansiedad, pero que tienen la determinación de superar dicho cuadro.

En consecuencia surgen los siguientes capítulos, ejemplo, en el capítulo numero dos vas a encontrar un detalle muy amplio e interesante de los distintos tipo de ansiedad y como se manifiestan estos en la vida de un individuo, desde los más preocupantes o peligrosos por sus propias características y las reacciones que puede ocasionar, hasta las expresiones más comunes que puedes hallar en este tipo de situaciones como las que mencione al comienzo.

Hay que considerar con mucha importancia e interés este tipo de situación ya que no solo se trata de una condición que queda limitada al aspecto mental, (que ya de por sí es un problema serio), sino que esto puede trascender a otros planos más visibles y puede generar situaciones alarmantes y de mucho cuidado como el plano físico, ya que una persona que se encuentra padeciendo un posible cuadro de ansiedad en casos que se vuelven severos pueden verse involucrados en enfermedades reales que pueden alterar el rumbo de las vidas de los individuos que padecen este mal.

Pero no solo en el plano físico, no se trata solo de la enfermedad que esto pueda ocasionar, sino que puede ir más allá, y trascender al plano social.

¿De qué manera puede afectar una persona ansiosa a la sociedad?

La verdad es que de muchas maneras, algunas no tan peligrosas otras si, sin embargo evaluemos un caso hipotético. Una persona que sufre de fobia social se encuentra de manera irremediable en un caso de aglomeración de personas, esto puede desencadenar una reacción violenta que puede convertirse en un potencial peligro tanto para sí mismo, como para aquellos que les rodea.

No obstante, es a través de un tratamiento psicoterapéutico que se puede tender de mejor manera la mano a las personas que estén atravesando este tipo de patologías, hacia allá es que camina el tercer capítulo, en este vas a encontrar una serie de técnicas psicoterapéuticas con las que vas a encontrar la manera de manejar cada una de las situaciones descritas en el capítulo dos.

Quiero subrayar desde ya que todos los procedimientos que te estaré señalando en el tercer capítulo son métodos completamente avalados por la psicología moderna, sin embargo de ninguna manera serán reemplazo a un terapia directa con algún experto en psicoterapia, sino que las estaré dando a manera de referencia, pero el deber mi apreciado lector es que mantengas como prioridad sentarte en el diván en alguna clínica especializada en psicología, sobre todo en el área que nos compete en este momento como es el caso de la ansiedad.

Ante todo lo que acabo de decir, se hace necesario quizás redundar un poco aun sobre un asunto, no solo se trata de mostrar las técnicas que en el capítulo tres estaré brindándote, sino que quiero mostrarte casos puntuales, pruebas reales que indican que si es posible, que en verdad se puede superar la ansiedad. Para ello te regalaré una serie de historias y testimonios reales de personas que fueron afectados por algún tipo de fobia y como lograron superarlo.

Pero además vamos a evaluar la manera en como

estas personas lograron superar los problemas de ansiedad, de manera que esta situación quizás pueda servir y ser aplicada en tu propia vida de acuerdo al caso particular que puedas estar enfrentando.

Estás frente a uno de los libros más importantes y prácticos que puedes haber leído sobre el tema de la ansiedad, quizás no se ha tomado en cuenta la verdadera importancia que tiene este tema en la sociedad actual y como es que los miedos y temores puede limitar a una persona impidiéndole incluso la posibilidad de tener un mejor futuro en la vida, sí, es que los efectos de dicho flagelo pueden ser tan determinante que hay una no remota posibilidad de detener el avance y por ende el futuro de muchas personas, de acuerdo a las distintas expresiones de ansiedad puede manifestarse:

- Aislamiento
- temor a estar en grupos por lo tanto imposibilidad de seguir algún tipo de preparación académica
- alteración del ritmo cardiaco
- comportamientos alterados o agresivos

Solo son algunos de los efectos que pueden presentarse tras esta situación, y los efectos puedes ser realmente devastadores para algunos. En ello radica la importancia de este libro, en poder demostrarte las razones claras y objetivas del por qué debemos darle la importancia que de hecho le doy a este asunto, en el capítulo cinco estaré esgrimiendo un buen número de razones por las que es preciso trabajar con las técnicas que puedes encontrar en este volumen, y así aumentar la urgencia de prestarle mayor atención al tema de la terapia psicológica.

Entonces estaré tratando el tema relacionado a las razones claras enfocados hacía los beneficios que deja en tu vida la determinación por superar los posibles cuadros de ansiedad por los que puedas estar atravesando,

En primer lugar puede servir como prevención si estás viendo que apenas se asoma la posibilidad de alguna de esas situaciones emocionales, o para superar la que ya esté afectando. Recuerda que la ansiedad no es algo con lo que se nazca de manera intrínseca, aunque es cierto que algunos indicios del temperamento puedan inclinar la balanza a un lado de esta condición, pero es algo que de lo que puedes tener perfecto control, el resto es algo que quiero que evalúes por ti mismo.

¡Bienvenido a "Ansiedad: Cómo superarla"!

1

LA ANSIEDAD Y SUS SÍNTOMAS

Es sumamente importante que al iniciar este trabajo, del que estoy convencido representa un tema vital en tu vida, comencemos por despejar todas las dudas que puedan tener lugar aun en ti sobre la ansiedad, y así poder aclarar qué es y qué no es la ansiedad, igualmente descubrir si cuando hablamos de ansiedad nos estamos enfrentando a una condición necesariamente clínica o a un estado normal del ser humano.

Trataré de explicarlo mejor: La ansiedad es un mecanismo de defensa del organismo que requiere de su aparición para la resolución de algunas situaciones específicas, es decir que la ansiedad es una manifestación de alerta que nuestro organismo utiliza como herramienta ante la posibilidad de estar en algún riesgo o peligro.

Este mecanismo de defensa inicia desde el mismo momento de nuestro nacimiento, evidentemente encontrase en la vulnerabilidad que se encuentra todo individuo una vez que está fuera del vientre materno resulta un verdadero shock, esto dado a que la amplitud del mundo que está a su alrededor en este momento es tan contrario al confort y la seguridad que tenía en su estado anterior, que crea un estado emocional de desequilibrio.

¿La ansiedad es buena o es mala?

Esto es lo primero que se debe valuar, está bien o está mal la ansiedad, El ser humano está en una constante situación que puede mantenerlo en un estado de tensión de manera casi normal, es decir, todas las situaciones de la vida a la cual nos enfrentamos cada día pueden requerir una atención especial con el objetivo de resguardar la integridad desde cualquier óptica, desde que en nuestra niñez nos toca ir al jardín y enfrentarnos por primera vez a un mundo lejos de la protección de los padres, esto puede ocasionar un estado de alteración en las emociones por razones que son más que obvias.

En consecuencia de lo antes dicho se puede afirmar que la ansiedad no es algo que deba representar algo malo en sí mismo, sino que este mecanismo está diseñado para crear un estado de seguridad ante la posibilidad de un peligro.

Asumamos que saliste tarde de trabajo y te tocó atravesar una calle solitaria y oscura, desde luego estarás alerta de la posible aparición de un peligro, pero asumamos que en dicho trayecto notes que detrás de ti hay una persona que viene acercándose con una actitud un tanto sospechosa, esto va a desatar un estado de ansiedad de manera inmediata con el propósito de resguardar tu seguridad ante la aparición del potencial peligro.

Ante el escenario que acabo de plantearte tu cuerpo comenzará a asumir algunas reacciones particulares que es lo que se termina de identificar por algunos como un ataque de ansiedad, a saber: aceleración del ritmo cardiaco, sensación de hiperventilación, la paralización de algunas funciones del organismo que no sean potencialmente importante para la supervivencia (por ejemplo el proceso de la digestión), la aparición de una visión un tanto borrosa, etc.

Todos estos síntomas no ocurren de manera fortuita y sin ningún propósito, de hecho estas son las reacciones que asume el organismo humano como medio de supervivencia. Los latidos del corazón aumentan su ritmo y frecuencia ya que necesita bombear más oxígeno hacia las extremidades, justo porque se sobreentiende que posiblemente debas asumir dos acciones que requerirán de dicho oxígeno, bien sea asumir la decisión de escapar o la de luchar.

Por otro lado como consecuencia de lo anterior es completamente normal que la respiración se agite, la visión borrosa aparece por un cambio de prioridad en el enfoque de la vista, en lugar de ver con nitidez lo que está cerca, solo está enfocado en detectar si hay más peligro alrededor, por lo cual amplía el radio de visión favoreciendo la detección de más peligro en la distancia.

Las personas que suelen padecer trastorno de ansiedad pueden identificar todas estas reacciones como potencialmente peligrosas, pueden pensar que están al borde de un colapso, un infarto, sensación de desmayo entre otros. No obstante la realidad es otra, todo es un proceso biológico de salvaguarda.

Esto responde la pregunta inicial, no está mal la ansiedad, de hecho está perfecta para mantenerte a salvo, ¿entonces en qué punto comienza esta condición a convertirse en peligro?

Ansiedad vs estrés

Es cierto que la ansiedad y estrés son dos definiciones que por lo general se ha tenido la creencia que se tratan de la misma cosa, de hecho se suele hablar de ellas sin discriminación de diferencia, pero ¿cuán cierto es que se trate de lo mismo?, para poder avanzar con lo que te he planteado al principio de este capítulo, vamos a hacer un cuidadoso análisis para establecer la diferencia que existe entre estas dos condiciones.

Por lo general la dificultad que se presenta a la hora de poder determinar la diferencia entre estrés y ansiedad, surge en el hecho de tener que definir adecuadamente estos términos, en distintos niveles o intensidad de los síntomas que estos presenten, o por las causas que llevaron a la aparición de dichos síntomas.

Otra de las dificultades que pueden ocurrir a la hora de hacer un separación entre una y la otra, es el parecido que suele haber entre ambas por los síntomas similares que pueden aparecer en los dos casos. Pero para despejar el camino sobre este asunto debemos iniciar por establecer las diferencias entre una y otra.

Diferencia entre el estrés y la ansiedad

Como acabo de mencionar, vamos a evaluar la diferencia que existen entre estas dos condiciones emocionales, para ella te haré una pequeña lista en la que vas a poder encontrar las características fundamentales que pueden aclarar esta confusión.

La fuente del estrés:

En el caso particular del estrés la fuente de donde provienen sus síntomas está fundada en la carencia de la posibilidad de resolución de algunos problemas o circunstancias particulares de la vida, en algunos casos puede no existir tal carencia, pero existe la creencia de no poseer la capacidad de resolver el asunto en cuestión, por ejemplo un estudiante que tiene como normal estudiar siempre justo antes del examen aunque sepa de memoria todo el examen que va a presentar, sino cumple con su ritual acostumbrado de refrescar la memoria antes del examen puede llegar a estar convencido que no está listo para presentar el examen y se bloquea completamente.

Lo mismo da si es cierto que no está listo para dicho

examen, lo que viene con toda seguridad es una situación de estrés que está desencadenada por creer que no podrá realizar el examen.

Fuente de la ansiedad

En el caso particular de la ansiedad el origen puede provenir de fuentes un tanto más difusas, explico: como expliqué un poco antes, la ansiedad surge ante la presencia del peligro, tal como en el ejemplo que te he dado al principio, pero en contraste a esta realidad se puede observar que en algunos casos (y es aquí donde comienza esto a convertirse en patología) se puede manifestar la sintomatología de la ansiedad sin que haya un peligro aparente.

En consecuencia lo que intento mostrarte es que los síntomas que generalmente se pueden presentar en los casos de ansiedad pueden no ser realmente objetivos, es decir que puede que no haya causas reales sino que exista una creencia de un peligro que en realidad no hay, pero esto explota de manera inmediata los síntomas de la ansiedad.

Las emociones propias del estado de estrés

Otro de los aspectos que separan el estrés de la ansiedad, puede ser el asunto de las emociones que se experimentan en cada uno de los casos, particularmente en el caso del estrés se suele encontrar como síntomas claros de esta condición situaciones particulares como frustración, que es la consecuencia directa de la preocupación por la causa que está generando el estrés, es una mezcla de nerviosismo con los síntomas anteriores, que terminan por generar un sentimiento de irritabilidad y en algunos casos puede convertirse incluso en tristeza.

Las emociones del estado de ansiedad

En el caso de la ansiedad lo que predomina es una sensación de miedo, la persona que se encuentra en estado de ansiedad generalmente está alerta ante el sentimiento de encontrase constantemente en peligro. Ante esta realidad suele suceder que, como ya mencioné la ansiedad en muchos casos no esta fundamentada en situaciones objetivas, sino que puede surgir como consecuencia de miedos infundados, peligros que en realidad no hay.

Veamos por ejemplo el caso de los niños que constantemente tratan de mantenerlos en calma y para ello utilizan historias como la de un mítico personaje que vendrá a comerlos si hacen las cosas mal, estos pueden desarrollar este tipo de condiciones ansiosas. Su organismo puede entrar en alerta constantemente basado en un peligro que es ilusorio, algo que realmente no existe.

Muy bien, ya que hemos establecido una clara diferencia entre el estrés y la ansiedad es el momento de enfocarnos claramente en el aspecto fundamental que nos compete ahora, y es el tema de ansiedad, quiero que me acompañes a evaluar cada una de las causas del estrés, las consecuencias y las diferentes maneras en que se manifiesta esta condición en la vida del individuo.

Causas de la ansiedad

Ya he mencionado de forma resumida, de dónde proviene la condición de la ansiedad desde la óptica natural como mecanismo de defensa del ser humano, sin embargo, en este momento quiero llevarte a conocer cuáles son las causas principales por las que la ansiedad puede llegar a convertirse en una patología, cuáles son los motivos que pueden desencadenar esta situación en la vida del individuo.

Debemos partir de la siguiente idea, y es que al tratarse de ansiedad como un problema clínico, puede que sea un poco complejo poder encontrar una definición puntual de lo que pueda ser el detonante de dicha condición, pero es muy posible que esté ligado de manera muy estrecha en la vida a ciertas situaciones como traumas.

Pero no solo esto, de acuerdo a estudios muy importantes en el campo de la medicina se ha logrado determinar que la ansiedad puede resultar el síntoma directo de alguna enfermedad oculta, lo que implica entonces que la ansiedad puede ser una reacción fisiológica, por ello en algunos casos en los que no se logra determinar de manera fácil qué puede estar generando un estado de ansiedad, es muy posible que se remita a un estudio profundo de la persona para tratar de descubrir si es que hay alguna enfermedad de por medio que aún no han descubierto.

En consecuencia de todo lo que acabo de mencionar podemos concluir que la ansiedad es una situación que tiene múltiples detonante, veamos algunos de ellos:

Estrés laboral

Este es una causa muy común de ansiedad, el ámbito laboral se lleva en el mejor de los casos una tercera parte de nuestras vidas, sin embargo aunque es algo necesario, este aspecto representa un detonante muy común de ansiedad, sobre todo en casos cuyo contexto particular convierte los puestos de empleo en un problema para muchos, dado que son muchos los países que pueden estar atravesando una situación económica difícil y esto convierte los puestos laborales en objeto de competencia.

Por lo tanto el hacer bien o excelente el trabajo, el peligro de la competencia, y cualquier otro factor que genere estrés en el ámbito laboral, puede terminar por desatar temor y en consecuencia un estado de ansiedad.

Presión financiera

Esta es otra de las causas muy frecuente que tiene la tendencia de desatar un estado de ansiedad en los individuos, la constante preocupación por el factor dinero, las deudas y cualquier situación que esté directa o indirectamente relacionada con este asunto, es, en días como los actuales una de las principales causas por las que hay un gran número de personas sufriendo severos cuadros de ansiedad.

Situaciones sentimentales

En efecto las situaciones de características sentimentales suelen generar estados de ansiedad, la separación de una pareja, o ante la creencia que es inminente la ruptura familiar por medio de una separación o la desaparición física de algún ser querido, todos estos elementos con este tipo de características pueden ser detonantes de estrés.

Enfermedades

Enfrentar o tener que enfrentar un análisis médico y sus posibles resultados, es una situación realmente difícil de vivir, esto puede generar estados de ansiedad, estar enfrentados a la posibilidad de ser víctima de alguna terrible enfermedad es un generador casi inmediato de ansiedad.

Cambios bruscos y repentinos

Los cambios naturalmente suelen ser profundos generadores de estos problemas, pero esta condición se intensifica en los casos que estos cambios deban generarse de manera repentina y muy brusca, por ejemplo, el caso de aquellas personas que han debido enfrentarse a catástrofes naturales, y lo han perdido todo, deben enfrentarse a la situación de salir de su lugar de seguridad a lugares nuevos, posiblemente desconocidos, esto puede ocasionar profundos estados de ansiedad en el individuo.

Estos que acabo de mencionar son solo algunos de los factores que pueden considerarse como los más comunes detonadores de ansiedad en las personas.

Desde luego que no son los únicos pero en este sentido el deber de cada persona que esté atravesando por estos cuadros ansiosos es descubrir cuál es la causa de su ansiedad, ya que como bien ha quedado claro en estos pocos ejemplos esta situación puede venir por causas muy personales y superarlas requiere de un autoanálisis.

¿Cómo saber cuándo se puede hacer presente un estado de ansiedad?

Para poder descubrir si estamos a la puerta de un ataque de ansiedad, es importante que estudiemos ahora los síntomas que generalmente se hacen presente ante una situación como esta, de esta manera será posible estar al tanto de lo que está por venir y para los estudios que haremos en los capítulos posteriores, será este paso vital en aras de conseguir de forma definitiva la salida para superar estos cuadros.

Síntomas que presenta la ansiedad

Vamos a ver ahora de forma detallada los principales síntomas que presenta un cuadro de ansiedad, en función de la superación de la ansiedad y sus consecuencias en nuestras vidas, te invito a prestar la mayor atención a esta lista que te traigo en este momento y la mantengas presentes para los pasos futuros.

- Nerviosismo, constante tensión y algunos síntomas de agitación
- Insomnio
- Escenarios de hiperventilación
- Continuos temblores en el cuerpo
- Alto nivel de sudoración
- Seria dificultad para concentrarse
- Preocupación constante e incontrolable
- Evidente aumento del ritmo cardiaco
- Problemas como gastritis

Son estos los principales síntomas que aparecen ante un cuadro de ansiedad, de hecho son los primeros signos que suelen aparecer ante los detonadores, estos pueden venir apareciendo de manera progresiva, por lo cual estos síntomas pueden ser percibidos como medio para identificar la futura llegada de un cuadro de ansiedad.

Pese a que la ansiedad es una situación única esta tiene la característica de identificarse de acuerdo a las causas que suelen ser las desencadenantes de dicha situación, y en base a esas circunstancias particulares podemos hacer una clasificación de la ansiedad.

En consecuencia de todo lo antes dicho hemos podido abrir un panorama en el que se ha podido aclarar algunas dudas muy importantes sobre el tema de la ansiedad, lo más importante es justamente eso, poder saber qué es y qué no es la ansiedad, pero es preciso en este momento evaluar las diferentes manifestaciones de la ansiedad y poder conocer las características fundamentales que se presenta en cada una de estas manifestaciones, para ello avanzamos al capítulo número dos.

2

TIPOS DE ANSIEDAD Y SUS
CARACTERÍSTICAS

Desde el inicio de este volumen una de las cosas que he dejado claro es que la ansiedad no es una condición que sea dañina en sí misma, de hecho es una condición muy necesaria para la supervivencia del individuo, ya que la ansiedad es la que genera la alerta ante situaciones de riesgos, si estás en casa y de pronto sientes que comienza a ocurrir un temblor, la ansiedad que esto genera será la que permitirá que puedas trazar de manera más rápida una ruta de escape segura, ya que podrás detectar dónde se encuentra el potencial peligro, y dónde están las vías de salida, por consiguiente esta situación no es algo de lo que haya que preocuparse.

No obstante hay un momento muy particular que

requiere especial atención, me refiero al punto en el que una situación de ansiedad se descontrola al punto de llegar a convertirse en una patología. Un estado de ansiedad deja de ser algo normal en el momento en el cual esta se convierte en una situación desproporcionada.

Lo anterior significa que, cuando una situación de ansiedad deja de ser una herramienta para lo supervivencia ante situaciones de conflictos vitales, y se convierte en una situación que aparece sin razón (al menos reales), pero además que los niveles de preocupación que genera este estado son exageradamente elevados, pero agreguemos a eso el hecho de ser una situación que se extiende en el individuo demasiado en el tiempo, es evidente que estamos ante un cuadro patológico, ya no es la ansiedad un medio para librarte del peligro, al contrario, esta ansiedad es un peligro para tu vida.

Las condiciones descritas son las que convierten la ansiedad en algo patológico, pero las circunstancias que llevaron a ello, pueden variar mucho, y eso es lo que determina cuál es el tipo de ansiedad que se está padeciendo.

Trastorno obsesivo compulsivo

Ante todo vamos a hacer una evaluación a las características principales de esta condición y justamente son dos como no los indica el mismo nombre, es decir "la obsesión y la compulsión", estas son las marcas principales de los que padecen esta condición.

En primer lugar observemos que la cualidad obsesiva está determinada por una condición de hacer una fijación en una cosa, por ejemplo, imaginemos el caso de la persona que ante un trauma por presenciar un accidente automovilístico, que ocurrió por el desperfecto en los frenos del auto que estuvo involucrado en la situación, se convierte en una obsesión el tema de los frenos, cada vez que va a salir en su coche revisa que estos estén bien.

Ahora ben no está para nada mal que haya un nivel de prudencia y se tenga un buen cuidado del comportamiento de los frenos, la obsesión consiste en que la idea de un posible desperfecto en los frenos sea algo que permanezca en la mente y no desaparezca.

Entonces aparece la compulsión, esto es un deseo incontrolable por probar y asegurarse que los frenos estén funcionando bien. En consecuencia se presentan los comportamientos compulsivos, estos comportamientos son los que se ven y muchas veces parecen inexplicables, por ejemplo un comportamiento compulsivo que puede aparecer en el chofer del caso que estamos hablando es comenzar a frenar el coche de manera repentina como medio de saber si están funcionamiento o no el sistema de frenos del vehículo.

Frente lo que acabamos de ver encontramos que una característica aparente de las personas que padecen el trastorno obsesivo compulsivo, es la aparición de conductas que no presentan de forma clara (al menos para el entorno) ningún tipo de desencadenantes, sino que las acciones compulsivas aparecen "de la nada", no obstante la realidad es que las causas de dicha obsesión está en la mente del individuo.

Características del trastorno obsesivo y compulsivo

A continuación quiero hacer una lista de las principales características que suelen presentar las personas que se encuentran afectados por el trastorno obsesivo compulsivo. Quiero resaltar que no necesariamente se trata de implicar que el orden que daré a continuación tenga algún tipo de valor particular, estas son las características comunes que suelen manifestar las personas que se encuentran tras este tipo de patología, desde luego de acuerdo a las causas de dicha condición podemos encontrar:

- Un constante temor por no contaminarse, por ello siente miedo de tocar cualquier objeto
- Obsesión desmedida por el orden
- Exagerado sentimiento de angustia por imágenes mentales, estas pueden estar relacionadas con traumas personales como abusos físicos, verbales o sexuales
- Constante sentimiento de peligro e inseguridad
- Constatar una y otra vez si realizo actividades que le "garanticen" seguridad como pasar llave a las puertas o verificar el estado de su auto

Estas características pueden ser variable de acuerdo al tipo de obsesión que presente cada persona en particular, sin embargo los patrones de conducta suelen ser similares, por regla general se trata de comportamientos repetitivos, que la persona se siente en la obligación de llevar a cabo, en algunos casos pueden presentarse episodios de violencia ante la idea de estar frente a un peligro que en realidad no existe.

Trastorno ocasionado por estrés postraumático

Este tipo de trastorno suele aparecer tras una experiencia muy dura vivida por el individuo, se trata de un hecho acaecido en su vida, que generó un terrible impacto en la persona al punto que el dolor recibido como consecuencia de dicho evento quedó en su mente pero en una zona muy consciente, al nivel que está recordando ese episodio de manera constante, reviviendo el dolor que le ocasionó dicho evento.

Este tipo de trastorno ansioso tiene como característica que se encuentra basada en la memoria emocional del individuo, es decir que los recuerdos que el individuo tenga respecto a este asunto se han alojado disfuncionalmente en el cerebro, de manera que eventualmente están apareciendo regresando el sentimiento de dolor y angustia que vivió el individuo en el momento que atravesó por dicho evento traumático. Este tipo de trastorno es muy común en esas personas que han debido atravesar por situaciones duras como guerras o conflictos difíciles que le marcaron la vida, y de los que ha sido muy difícil recuperarse.

Características del trastorno por estrés postraumático

Vamos a ver por un momento lo que la asociación americana de psiquiatría tiene que decir respecto a este tipo de trastorno en particular, esto en dirección de las características en común que pueden tener las personas que padecen este tipo de patología.

Exposición a un evento traumático

1. en primer lugar han atravesado por experiencias traumáticas que pueden haber experimentado de manera directa algún tipo de peligro, o en su defecto se ha enterado de la posibilidad de haber estado expuesto a alguna amenaza que puso en peligro su vida o la vida de alguien muy cercano a esta persona
2. El individuo que le ha tocado vivir la experiencia en cuestión ha reaccionado con un sentimiento profundo de miedo, terror o desesperanza

Se revive de manera continua dicho evento traumático

1. En este sentido, la persona que ha sido objeto de dicho trauma suele encontrarse recordando de manera muy repetida el evento traumático, lo cual le genera de manera recurrente malestar, y profunda tensión, ya que el recuerdo mismo le agrega imágenes, sonidos, y todo tipo de elementos que genera un estado emocional descontrolado, que termina por crear el mismo estado emocional que vivió en dicho evento

2. Las personas que atraviesan esta situación suelen tener sueños de manera recurrente con el acontecimiento traumático, esto suele generarles mucho malestar

3. El individuo puede tener la tendencia a revivir la situación que le ha marcado, ya que puede sentir en muchas oportunidades que está sucediendo en el presente, de hecho suelen sentir que están inmersos en medio del episodio que les causo el trauma, es decir, puede alucinar, experimentar episodios disociativo, como especies de flasback, etc

4. La simple aparición de cualquier elemento que guarde relación con el evento traumático (bien sea algo de la mente o en el

plano físico) puede generar un enorme malestar en el individuo

Evita de manera exagerada cualquier situación que pueda recordarle el episodio

1. El individuo suele mostrar una resistencia muy marcada por no recordar esos episodios que le recuerdan la situación que generó el trauma, esto es acción directa del miedo
2. Igualmente trata de evitar cualquier tipo de actividad social que le genere recuerdos
3. Crea un estado de desapego severo hacia las demás personas o el desapego por actividades que normalmente serían significativas, como reuniones por cumpleaños o festividades sociales
4. Se puede crear un desapego muy marcado por relaciones afectivas, no sabe ni mostrar ni recibir afecto

Esta lista muestra unas de las características principales que pueden surgir como consecuencia de esta condición, sin embargo no necesariamente deben ser las únicas, todo va a depender directamente de la situación particular que haya vivido cada individuo en el que puedan manifestarse otra serie de síntomas que están conectadas con el mismo tipo de ansiedad que estamos tratando en esta ocasión, por ejemplo pueden agregarse a dicha lista manifestaciones como: repentinos ataques de ira, un estado desmedido de vigilancia, problemas para lograr conciliar el sueño, sobresaltos exagerados, etc.

Trastorno de pánico

En esta ocasión quiero mostrarte una situación que es bastante complicada, se trata de un individuo que desarrolla un nivel de miedo realmente fuerte ante la idea de poder morir de forma inminente, sin que haya una razón aparente, de hecho en muchos casos el individuo es consciente que el sentimiento no está basado en una situación objetiva, sino que es producto de un estado emocional desequilibrado, pero aun así el estado emocional es severo e incontrolable (miedo al miedo).

¿Cuáles son los síntomas frecuentes del trastorno de pánico?

Los síntomas comunes de este tipo de trastorno suelen ser bastante agotadores, y por lo general pueden incluir situaciones como ataques de pánico repentino e inesperado, en consecuencia de esta situación la persona queda con los nervios severamente alterado, por lo que asegura en su interior que le llegada de otro ataque de pánico como este será inminente.

El trastorno de pánico se comporta como una especie de reacción en cadena ya que al percatarse que esta situación es algo cuyo origen no es real sino que actúa como desde el ámbito de las emociones, suelen aparecer miedos alternos al original, ahora se da cuenta que es algo patológico y comienza a sufrir de temores de sufrir un colapso, incluso de sufrir un paro cardiaco, intensificando así e problema original, esto es lo que se considera miedo al miedo.

Como consecuencia de todo lo que he dicho antes suelen aparecer otros síntomas que condicionan el comportamiento de las personas que están atravesando por esta situación, por ejemplo cierto nivel de aislamiento social, se puede dar el caso de evitar hacer deportes o actividades que impliquen un gran desgaste físico, ya que existe la preocupación latente de que cada una de estas situaciones puedan poner su vida en peligro.

Trastorno de ansiedad generalizada

Tal y como hemos visto ya con anterioridad, sentir

ansiedad es algo que puede considerarse como normal, tal y como expliqué antes es un mecanismo de defensa a través del cual nuestra mente nos alerta ante la posibilidad de estar en peligro, quizás se trate de peligro o no, por ejemplo: un joven que va a hablar con el padre de la novia si duda que va a experimentar una sensación de ansiedad.

De la misma manera podemos asumir otros casos hipotéticos para ejemplificar lo que trato de explicar, por ejemplo ante una entrevista laboral, la propuesta de matrimonio, la graduación de la universidad, etc., son innumerables las situaciones que pueden desencadenar un estado de ansiedad.

Pero en el caso particular del trastorno de ansiedad generalizada la situación suele en muchas oportunidades salirse de las manos, ¿a qué se refiere con salirse de las manos? Esta sensación suele extenderse por mucho tiempo, de hecho es tanta la situación que puede incluso extenderse por muchos días, las personas que están padeciendo de esta condición se mantiene constantemente en un estado de zozobra, preocupación, angustia, por las cosas más simples de la vida.

Síntomas del trastorno de ansiedad generalizada

De acuerdo al manual de diagnóstico y de estadísticas de los trastornos de ansiedad emitido por la asociación estadounidense de psiquiatría, el trastorno de ansiedad generalizada puede estar asociada a la aparición de solo tres de los síntomas que voy que mencionar a continuación.

- Un estado constante de inquietud, o de sentirse agitado
- Continua sensación de irritabilidad
- Siente que aparecen síntomas de fatiga de manera muy fácil
- Total dificultad (incluso la imposibilidad) de estar concentrado
- Problemas serios con el descanso nocturno
- Tensión muscular

Estos síntomas que he mencionado pueden lanzar un diagnóstico de trastorno de ansiedad generalizada como bien he dicho si existe en el individuo la presencia de al menos tres de estos ítems, pero en el caso de tratarse de los niños con uno solo de estos síntomas se puede dar el mismo diagnóstico, no obstante si lo vemos desde las conclusiones de la organización mundial para la salud, plantea que no hace falta que estas condiciones sean incontrolables para generar el diagnóstico que estamos tratando, en el caso de este organismo debería incluir situaciones como:

Síntomas como palpitaciones, temblor o incontrolables sacudidas del cuerpo, presencia elevada de sudoración, sensación de resequedad en la boca, presentar sensaciones como dificultad para respirar, algún tipo de sensación adversa en el área abdominal, deseos de vomitar, posiblemente sensación de ahogo, o malestar en el pecho.

Igualmente se suman a la lista anterior síntomas como desvanecimiento, sensación de debilidad en el cuerpo, la sensación de sentirse constantemente bajo presión, o considerar que está al límite, de igual manera se espera que este tipo de patología pueda arrojar sensaciones o síntomas menos específicos, entre los que podemos encontrar, unas respuestas excesivamente exageradas ante situaciones o sorpresas que en realidad no ameritan este tipo de reacción.

En conclusión, el trastorno de ansiedad generalizada suele ser una condición que no nace de una situación concreta ante escenarios específicos, sino que pueden aparecer en cualquier momento y a cualquier hora, por este motivo la atención psicológica es completamente vital en este tipo de casos.

Trastorno de fobia social

Este tipo de trastorno muchos suelen compararlos o confundirlo con la timidez, pero lo cierto es que la fobia social es realmente mucho más preocupante y acentuada que el caso de una simple timidez. Tener nervios, incluso miedo de hablar en público puede ser una situación completamente normal, sin embargo hablar de fobia social es mucho más que eso.

Encontrarnos frente a un cuadro de fobia social es estar frente a un individuo que puede estar completamente neutralizado ante la necesidad de establecer relaciones sociales, este tipo de temor no solo le genera cierto nivel de inseguridad o nervio ante las situaciones sociales, sino que puede llegar a paralizarse por completo

Esta condición puede interferir en la vida de este individuo, incluso modificar el transcurso normal de su vida, de manera que esta fobia es una de las que más suele afectar la vida social de las personas, trayendo como consecuencia:

- Dificultad para establecer nuevas relaciones amistosas y afectivas
- Sensación de aislamiento
- Estado continuo de soledad
- Dificultad para formalizar relaciones amorosas
- Sensación de frustración e la vida

Por ello es que podemos asegurar que la fobia social va más allá de una simple sensación de timidez, esto es un verdadero problema para quien lo está atravesando. Cuando hablamos de fobia social podemos hablar de personas que presentan una serie de características particulares que pueden arrojar este diagnóstico, vamos a ver cuáles serían estas características de las que me estoy refiriendo en este momento.

Característica de la personas con fobia social

Observa con mucha atención cada una de las cualidades particulares que puede presentar una persona que nos ayudaría a determinar que en realidad estamos ante un posible cuadro de fobia social, de ser así se puede notar en el individuo que lo está padeciendo, alguna de las siguientes características.

- Intenso rubor en la cara
- Puede presentar cuadros de malestar estomacal
- Sensación de nauseas
- Constante tensión en sus músculos
- Bloqueo en cualquier tipo de idea que pretendía proponer
- Aceleración del ritmo cardiaco
- Perdida del equilibrio, o sensación de aturdimiento

A causa de este tipo de situación, las personas que enfrentan este cuadro suelen asumir ciertas acciones características que son, al igual que en los síntomas que acabo de describir, una manera de determinar que estamos frente a un posible trastorno de fobia social, me refiero a acciones como evitar la cercanía o interacción con personas extrañas, incluso con personas que sean poco conocidas, dificultad para andar solo o asistir por su propia cuenta a actividades como fiestas o simplemente a situaciones que pueden ser completamente normal para el resto de las personas como ir al trabajo, colegio o universidad.

Existe otra serie de situaciones en el patrón de comportamiento en las personas con este cuadro, acciones tan simples como establecer contacto visual puede ser un verdadero reto, por ello el aislamiento de las relaciones sociales son tan amplias que pueden ocasionar que no logren ni siquiera poder estar en una cita. Para hacernos una idea sobre este asunto, podemos evaluar que incluso ingresar a una sala de espera en la que haya personas previas a él sentados, les puede causar seria incomodidad incluso malestar, tener que entrar a baño público o comer frente a personas desconocidas son situaciones que acostumbran evitar constantemente.

Agorafobia

Este tipo de fobia es más común de lo que se cree, las personas que padecen esta situación tienen la tendencia a no desear estar en lugares abiertos, la raíz del problema es poco conocida, aunque en realidad se cree que posiblemente esta situación aparezca en el individuo como consecuencia de algún posible ataque de pánico que haya sufrido con anterioridad.

Aunque es muy normal la creencia que la agorafobia es fobia directa a los espacios abiertos, la verdad es que el verdadero temor que surge a los que padecen este tipo de patología es al temor de encontrarse fuera de su zona de seguridad y no contar con la garantía de ser socorrido o tener una ayuda en el momento especifico que pueda presentar en dicho lugar público algún tipo de crisis, por esto no le resulta para nada sencillo estar en lugares en el que haya multitud de personas como eventos deportivos, conciertos u otros, plazas o puentes cuentan por igual entre otros.

Tal como en los casos anteriores quiero invitarte a que evaluemos cuáles son las características principales de las personas que sufren este tipo de fobia, y la manera en que estas se manifiestan en cada individuo de manera particular.

Características de la agorafobia

Cuando una persona padece este tipo de condición la principal señal que manifiesta es el temor de estar en espacios públicos o abiertos, ante esta situación suelen presentar los siguientes síntomas:

- Una extraña sensación de que el espacio abierto en el que se encuentra es un ambiente irreal
- Miedo exagerado por quedarse solo
- Marcada dependencia en los demás
- Sensación de desesperanza

- Mantenerse en casa sin salir durante períodos muy extensos
- Temor de perder el control cuando se encuentra en un espacio publico
- Surgen sensaciones de que los que le acompañan se están alejando mucho, cuando en realidad no es más que el resultado del mismo miedo o inseguridad
- Suelen mantenerse creando planes de escapes ante la idea quizás irracional que algo puede salirse de control u ocurrir cualquier tipo de catástrofe

Este tipo de sentimientos o situaciones que por lo general pueden manifestarse en la psiquis de la persona puede resultar en la afección desde la perspectiva física, ejemplo de ello es que ante esta serie de pensamientos dolorosos las personas que padecen agorafobia pueden manifestar efectos secundarios como por ejemplo aceleración del ritmo cardíaco, lo cual puede generar ciertos dolores, en consecuencia pueden aparecer molestias en el tórax, que pueden crear mareos, asfixia, incluso puede ocasionar un desmayo, al igual que estas, se pueden presentar sudoración, serias dificultades para respirar con normalidad, entre otros.

Fobias específicas

Estamos frente al último aspecto de las fobias que he querido que evaluemos en este libro, y justamente porque estamos frente a una situación que se puede dividir en varias formas de fobia, me refiero al caso de situaciones muy puntuales que muchas personas suelen desarrollar como la fobia a objetos, lugares, cosas, etc.

Este tipo de fobia es una de las más comunes que existen, y aunque por lo general no requieren de algún tipo de tratamiento (al menos no de manera urgente), de no controlarse, estas puede llegar a afectar seriamente la vida de quien la padece, afectando así el buen desempeño de labores propias de la vida cotidiana.

Dentro de este renglón existen muchas fobias que suelen ser muy comunes como la fobia a algún tipo de insecto, pero más allá de esto existen una serie de fobias que son realmente extrañas o muy particulares en este caso tales como la cardiofobia, que se trata de un temor irracional de sufrir un paro cardíaco, o casos como la ligirofobia que es el temor a los ruidos altos.

Pero más allá de este par de ejemplo existe toda una

serie de fobias que suelen ser más comunes y que muchas personas suelen tener al menos una de estas, aunque no sería raro encontrar situaciones en los que haya más de un caso de este tipo de fobia en un solo individuo, y voy a hacer en este momento una enumeración solo de los casos más comunes, sobre todo de los que pueden necesitar atención.

Hematofobia (fobia a la sangre)

De acuerdo a muchos especialistas este es uno de los tipos de fobia más comunes que existe, y que por lo general puede ocasionar el desmayo en el individuo que se encuentra ante esta situación, al encontrarse frente a la sangre, por esta razón las personas con Hematofobia siente un profundo temor, incluso terror ante la idea de alguna herida, accidente, o la simple presencia de una jeringa para extraer algo de sangre con el propósito que sea.

Zoofobia (fobia a los animales)

Está considerada como zoofobia el tipo de trastorno o temor cuyo detonante puede ser uno o más animales, por lo general el enfoque suele ser en los animales que "tienen peor aspecto" (aunque es algo que no deja de ser subjetivo), un ejemplo de esto suelen ser animales como las serpientes o arañas, sin embargo no se limita solo a este tipo de animales sino que el temor a cualquier tipo de animales está dentro de este renglón.

Sin duda que los más comunes suelen ser la aracno-fobia, o la ofidiofobia, aunque es cierto que no son situaciones que en todos los casos necesiten la intervención psicológica, hay situaciones muy particulares y severas que sí podrían necesitarlo, sobre todo basado en la intensidad de la fobia y en lo común del animal en cuestión, ejemplo de ello es el caso de la cinofobia (fobia a los perros), no es difícil concluir que en este tipo de situación se hace realmente necesario prestar atención o considerar la intervención en este tipo de caso, de lo contrario puede llegar a afectar el buen desempeño de su vida normal.

Fobias hacia el entorno natural

En esta que mencionaré por el momento se encuentra una serie de fobias muy específicas, unas comunes, otras no tanto, sin embargo son situaciones latentes y que suele encontrarse de manera muy repetida en muchos individuos hoy en día, tal es el caso de la acrofobia (miedo a las alturas), es el temor latente de encontrarse lejos de la "seguridad" del suelo, a mayor altura más miedo surge ya que estar a esos niveles de altura supone mayo posibilidad de perder la vida en caso de caída.

De igual manera en este renglón se incluye la conocida astrafobia o fobia a las tormentas, generalmente surge por la relación que pueden tener muchas personas a eventos traumáticos con las tormentas, el problema particular de este tipo de situación es que superarlas es difícil dado que las tormentas y su característica principal como es los truenos resulta difícil ocultarse de dicha situación por el alcance de los sonidos que esta emite.

Fobias de situación

Finalmente llega otro nivel o característica de las fobias, es decir las fobias específicas, me refiero a situaciones particulares tales como la aerofobia, que es el miedo a subir aviones, situación que suele ser muy normal, un número muy alto de personas pueden tener este tipo de miedos, sin embargo, es algo que puede no afectar tanto su vida, pero hay casos que resultan extremos en los que realmente la persona afectada está completamente imposibilitado de manera voluntaria a subir a un avión.

De igual manera encontramos la claustrofobia, que es el miedo a espacios pequeños o muy cerrados, este tipo de fobia suele afectar a muchas personas de manera leve, pero existen casos muy serios que pueden afectar al punto de crear verdadera angustia, incluso desesperación.

Aunque hay muchas otras fobias he querido mencionar las más resaltantes, por ejemplo el caso de la amaxofobia suele resultar una gran sorpresa para aquellos que se encuentran en un momento puntual de sus vidas en el que tienen la necesidad de conducir, de los distintos tipo de fobias especificas este es el que genera más consultas, ya que no superar esta fobia supone una situación realmente especial pues se puede conducir con alto nivel de inseguridad, y esto puede ocasionar poner en riesgo su propia vida y la vida de los demás.

Ya has visto todo un capítulo en el que te he dejado todas y cada una de las diferentes manifestaciones de las fobias, hay más fobias puntuales, claro que sí, sin embargo, este capítulo ha permitido dejar más despejado el panorama respecto a cuáles son las principales.

Conocer las características principales de las fobias puede ser un buen punto de partida con el que se logre definir incluso de manera personal si estas atravesando o no por un cuadro de trastorno de ansiedad, sin embargo, la valoración de un profesional siempre será la mejor decisión para poder determinar de manera efectiva y clara si lo que estas enfrentando es en efecto un cuadro de ansiedad con características patológicas o no.

Más adelante te esteré dando algunas herramientas muy importantes e interesante para poder enfrentar estas situaciones descritas en este capítulo, por ello te invito a que continúes muy atento a cada uno de los capítulos que están por venir.

3

¿POR QUÉ SUPERAR LA ANSIEDAD?

En este capítulo quiero hacer un solo enfoque, ¿cuáles son las consecuencias de vivir atado a una vida llena de temores? Efectivamente como hemos visto, la ansiedad surge a partir del temor, y esta ansiedad puede causar verdaderos estragos en la vida el individuo que tendría serias implicaciones.

Los resultados de una vida llena de miedo y temores en consecuencia de ansiedad, puede afectar de manera directa o indirecta distintos aspectos de la vida, y de estos aspectos quiero ocuparme en este momento, por ello vamos a ver cada una de las razones por las que no es solo una opción sino una verdadera necesidad, incluso obligación contigo mismo que pongas todo tu empeño en superar cualquier tipo de ansiedad, aunque no pueda considerarse trastorno.

Aunque no lo creas, vivir con los síntomas que ya he mencionado en el capítulo anterior puede ir tan lejos que posiblemente no lo hayas ni imaginado, (tal vez por no estar en ese punto tan complicado), sin embargo, vamos a ver el alcance que tiene la ansiedad en la vida de una persona.

Porque la ansiedad puede afectar tu vida social

En efecto una de las consecuencias directas de estar en un estado de ansiedad puede ser este, tal como hemos visto anteriormente una de las consecuencias directas de algunos tipos de ansiedad es estar expuesto a la vida pública, por lo tanto es posible que en la vida de un individuo que este atravesando por problemas de ansiedad se encuentre enfrentado a ciertas circunstancias que paso a describir a continuación.

Aislamiento social

Esta condición puede tener dos vertientes, una sería la realidad que el mismo individuo se aísle por voluntad propia, llevándolo esto a alejarse de cualquier tipo de contacto social, es decir mantenerse distante de amigos, vecinos, familiares y más, pero peor aún le crea la imposibilidad de establecer nuevas relaciones.

La otra vertiente de esta condición está basada en la circunstancia particular en la que un individuo se cree aislado, quizás no es que quiera estarlo, sino que en realidad está convencido que es un relegado social, por este motivo desarrolla la tendencia a manera de mecanismo de defensa de terminar por aislarse del resto de la sociedad por temor al rechazo.

Hoy en día es un patrón que suele verse mucho reflejado en las personas en edad escolar, esto debido quizás a un alto nivel de inconsciencia por parte de muchos jóvenes, que carecen de información acerca de las implicaciones y el impacto que puede tener en otro individuo el tema del rechazo o situaciones específicas como el bullyng, en consecuencia no hay un cuidado a la hora de relacionarse con el resto de los compañeros.

En este tipo de conexión que puede existir entre compañeros de clase o amigos del barrio, puede que no haya ningún tipo de pudor en el tipo de relación que van a tener, por esto se pueden encontrar fenómenos como el ataque directo a los posibles "defectos" o asuntos de apariencia que suelen ser señalados a manera de discriminación, lo que puede terminar por elevar el nivel de aislamiento de otra persona.

Puede estar basado en asuntos de nacionalidad, color de piel, aspectos físicos como el tamaño, la lengua, formas de algún miembro del cuerpo, etc.

¿Pero cuáles son las consecuencias que puede traer el aislamiento social?

Son varios los síntomas que puedes sentir o que suelen aparecer como consecuencia de un aislamiento social, algunos estudios aseguran que una persona que vive encerrado en esta condición puede generar severos cuadros de depresión que se convierte en un círculo vicioso, ¡te explico!

El aislamiento social por cualquiera de las dos razones que he mencionado antes, va a generar en el individuo un deseo casi incontrolable de aislarse, este aislamiento va a generar depresión, la depresión genera mayor deseo de aislamiento, y de esta manera se va alimentando más y más el deseo de estar en el mismo estado de aislamiento, incrementando así de manera significativa el encierro al que ya está sometido.

Dificultad para establecer nuevas relaciones

Este aspecto representa una de las condiciones más preocupante cuando hablamos de esta situación, y es el hecho de que la persona con esta condición tiene la dificultad para relacionarse, por lo que puede terminar por limitar la posibilidad de establecer relaciones saludables de cualquier índole, entre los que se encuentran situaciones muy particulares como establecer una relación amorosa que perdure en el tiempo y que sea saludable.

Puede ser víctima de abuso

Otro de los aspectos que debe ser bien observado es la situación de vulnerabilidad en la que suelen encontrarse las personas con este tipo de condición, a causa de la situación emocional que atraviesan existe una necesidad muy grande de sentir la protección de alguien, esta condición puede convertirlos en personas altamente vulnerables, y es así que puede convertirse en presa fácil de personas sin escrúpulos que pueden aprovecharse de la situación para sacar partido o provecho de esto.

Un ejemplo puede ser que caiga fácilmente como presa de relaciones que estén fundada en la posibilidad de sacar algún provecho de la situación de vulnerabilidad en la que se encuentra esta persona, me refiero no solo a relaciones del aspecto amoroso, puede estar dirigido a relaciones con características amistosas entre otras.

Estas tres son características muy comunes que se pueden encontrar en el aspecto social respecto a la ansiedad, sin embargo no son las causas más preocupantes ya que lo que acabo de mencionar tienen un impacto más directo en el individuo que en el entorno, sin embargo, existen situaciones que pueden generarse de las que se hace preciso tener un especial cuidado.

Algunos casos de trastornos severos de ansiedad pueden incluir situaciones como explosiones de violencia o alteraciones en el ámbito emocional que pueden crear un verdadero caos y comprometer de una u otra manera la integridad de otras personas.

En dirección de todo lo antes dicho no cabe duda que es importante estar preocupados, pero más que eso, estar ocupados en superar la ansiedad, ya que esta condición puede ser peligrosa si llega a escaparse de las manos.

La ansiedad puede afectar tu salud

Uno de los aspectos más importante del que

tenemos que hablar al referirnos a la ansiedad es la salud, si alguna razón puede existir para que estemos preocupados por superar la ansiedad es justamente este aspecto, no es mentira que toda la tensión que suele generar un estado de ansiedad tiene un impacto completamente negativo en el individuo, y las formas en que puede manifestarse en el cuerpo humano es de lo que quiero hablarte ahora.

Estudios muy importantes en el campo de la neurociencia han demostrado que el estado de nuestras emociones tiene una profunda influencia en el estado de salud, de hecho uno de los más importantes investigadores del momento en esta materia, el doctor Mario Alonso Puig asegura que hay una relación profundamente estrecha entre el estado de las emociones y la salud del individuo que experimenta dichas emociones.

Dicho todo lo anterior podemos concluir que, si bien ha quedado claro que la ansiedad es una situación que ejerce una influencia directa en las emociones (aunque ella misma es una emoción desbordada cuando se ha vuelto patológica), no hay otra cosa más que estar atentos a las reacciones que esta puede ejercer en la vida del individuo, vamos a ver cada una de las formas en que esto puede afectar la salud.

Afección en los pliegues vocales

Esta es la primera área que suele verse afectada por la aparición de una crisis de ansiedad, se comienza a manifestar una resequedad en la garganta que genera una ronquera que resulta bastante incomoda, esto es una situación que se da debido a que el organismo desvía los fluidos a zonas específicas del cuerpo, creando espasmos en los músculos y desde luego la resequedad en la garganta que acabo de mencionar. Esto entre otras cosas genera ciertas dificultades para tragar.

Se pueden generar reacciones en el hígado

Una de las causas por las que este tipo de situaciones son peligrosas para las personas que padecen la enfermedad de diabetes es porque justamente el estado de ansiedad suele activar la producción en cantidades de cortisol.

Para tener una mejor idea de qué significa esto, el cortisol es la hormona que se relaciona directamente al estado del estrés. Al encontrarse esta cantidad de cortisol, nuestro hígado puede producir altos niveles de azúcar como medio de producir energía.

El azúcar es el nutriente que nuestro organismo usa más comúnmente para generar la energía que nuestro cuerpo requiere para el normal funcionamiento, de manera que al encontrase e peligro (símbolo de la ansiedad) el cuerpo activa todo un proceso suprarrenal con la intención de dar el extra que puede necesitar para ejercer la acción propia del momento, el organismo asume que se debe adoptar una acción bien de escape o de defensa, por este motivo se encuentra ante la necesidad de dar este aporte extra de azúcar.

En una persona saludable esta subida de azúcar puede ser asimilada de manera rápida y sin mayores inconvenientes, pero en el caso particular de las personas con diagnóstico de diabetes esta situación puede representar un verdadero peligro.

Por otro lado se encuentra el caso en el que una persona esté enfrentándose a un cuadro muy crítico de ansiedad, lo que sugiere que puede estar de manera continua en este estado, se da la situación que esta cantidad de azúcar extra que está generando el organismo comience a almacenarse en forma de grasa, de manera que esto puede ocasionar problemas de obesidad.

A la trágica lista mencionada antes, debemos sumar

entonces la cantidad de complicaciones que puede ocasionar a una persona que ya padece ansiedad, tener que enfrentar todo lo que implica la obesidad, desde la perspectiva psicológica, y en cuanto a la salud.

Problemas relacionados al corazón

Ya he dicho en otras ocasiones que una de las reacciones propias de nuestro sistema es acelerar el corazón con la finalidad de bombear sangre a las extremidades de manera que pueda permitir al individuo ejercer alguna acción de escape, o defensa en el caso que sea necesario, sin embargo, en el punto en que la ansiedad se convierte en algo repetitivo, y constante esta alteración del sistema cardiovascular va afectando de manera significativa al punto de poder crear reacciones peligrosas como elevación de la presión sanguínea.

Igualmente debido a la elevada producción de cortisol, y el estrés derivado de este, aumenta el peligro ante la posibilidad de desarrollar situaciones como arritmia cardiacas, derrames cerebrales, y posiblemente ataques al corazón.

Problemas estomacales

Los altos niveles de estrés generado por el cortisol

elevado que comienza a segregar el organismo ante los cuadros de ansiedad, puede tener un efecto negativo en la correcta absorción de los nutrientes, afectando así incluso la nutrición, la disminución en la cantidad de fibra que nuestro organismo suele obtener, puede generar situaciones complicada como el estreñimiento, igualmente se puede por llegar a percibir diarrea sin ninguna explicación aparente, ardores a nivel del estómago, y en casos muy extremos puede incluso perder el control de los esfínteres.

Problemas a nivel pulmonar

De acuerdo a investigaciones llevadas a cabo por el servicio de neumología del hospital universitario la fe, de Valencia España , ha logrado establecer la estrecha relación que guardan los trastornos de ansiedad con algunos problemas de respiración como es el caso del asma o del síndrome de la hiperventilación.

En el sentido contrario también se da este efecto, es decir que las personas con problemas de asma pueden experimentar serios y preocupantes cuadros de ansiedad y temores ocasionados por la misma ansiedad.

Desequilibrio mental

En medio de los distintos tipos de trastorno de ansiedad una de las respuestas suele darse a nivel cerebral, esto termina por afectar determinada áreas del cerebro que tienen influencia directa en la memoria, tanto a largo como a corto plazo, de igual manera el estrés suele mantener en continua activación el sistema nervioso, lo que influye en que puedan generarse ciertos niveles de desequilibrio a nivel de la mente humana.

Todo este proceso cuyo origen está en la mente, puede generar ciertos estragos en el aspecto físico de las personas, generando como consecuencia efectos en el cuerpo como cansancio, fatiga entre otros.

Debilitamiento en el sistema inmunitario

De acuerdo a los análisis que se han llevado a cabo en esta dirección una de las cosas que se han podido observar, es que mantener estado de estrés muy elevados como consecuencia de la ansiedad es un factor muy determinante en la disminución de la fortaleza del sistema inmunitario del individuo, por ello es que es muy común encontrara que las personas que se encuentran enfrentados a profundos estados de angustia, miedo y ansiedad, suelen ser personas que más fácilmente pueden agarrar una gripa, o cualquier otro virus que esté en el ambiente.

Son estos solo algunos de los síntomas e inconvenientes para la salud que pueden verse afectados ante un cuadro de trastorno de ansiedad, como dije a principio de este aparatado lo estoy manejando de manera general ya que esto puede verse presente en cualquiera de los casos que he tocado ya en el capítulo anterior como "trastorno de ansiedad" es decir, permitir que la ansiedad se convierta en una patología, es acarrear un gran peligro para la vida, así que tu salud es uno de los motivos más importantes que se pueden encontrar para superar los cuadros de ansiedad.

En este mismo orden de ideas sigamos evaluando algunas situaciones especiales a las que puede enfrentarse un individuo que está siendo afectado por un cuadro severo de ansiedad, ya hemos vistos los casos más importantes como es las afectaciones que pueden haber en una persona con en asuntos muy particulares como es el caso de la salud y el aspecto social, sin embargo la dirección que pretendo seguir en este momento, puede que no sea tan amplia como las anteriores, sin embargo, estos situaciones que mencionaré ahora aunque para algunos no sea tan importante, para otros puede representar una situación altamente dolorosa, ¡avancemos!

Debes superarla por tu futuro

Ciertas situaciones de la ansiedad suelen ser tan severas que incluso se corre el riesgo de convertirse en un verdadero obstáculo para el futuro, algunas fobias por sencillas que parezcan pueden afectar el futuro de algunas personas y convertirse en una de las más grandes barreras, ante posibles sueños y metas. Pero esto es algo que puede afectar al individuo particular, sin embargo, puede llegar más lejos aún y convertirse en un obstáculo para otros que están directamente relacionados al entorno de la persona que se encuentra afectada por la ansiedad.

Sobre lo anterior quiero contarte una pequeña situación que pude palpar directamente ya que esto sucedió a una familia muy apreciada.

Se trata de una vieja amiga que había desarrollado un temor enorme por la posibilidad de que su única hija pudiera morir, desde luego, esta situación tenía un fundamento muy serio, mi amiga en el año 1993 perdió a su esposo quien sufría un enorme sobrepeso y fue sorprendido por un paro cardiaco.

Solo había pasado un año de esta situación cuando viajando junto a sus dos hijos, y sus padres sufrió un aparatoso accidente en el que sorprendentemente perdieron la vida sus padres y ambos hijos, en menos de dos años había perdido la totalidad del círculo familiar más cercano a ella, padres hijos y esposo.

Reponerse no fue para nada fácil, y las circunstancias que mi amiga vivió luego de esta impresionante tragedia fueron verdaderamente difíciles. Como un regalo del cielo 5 años más tarde la vida le brindaba una nueva oportunidad, y recibió en sus brazos a una linda niña a la que llamó Irene Antonia el nombre de su madre y su hija fallecida pocos años atrás, sin embargo mi amiga no logró sobreponerse a la pérdida de su antigua familia, lo que la llevó a desarrollar un estado de ansiedad severo, y la llegada de Irene que debió ser el comienzo de una nueva vida en realdad se convirtió en la nueva tragedia de mi amiga.

No es que la niña haya sido una tragedia, es que la condición que estaba oculta en ella se convirtió en una pesadilla tanto para ella como para Irene, ya que en un futuro no muy lejano sería una verdadera pesadilla para la chiquilla si su madre profundamente herida no disponía su corazón a superar la situación emocional que aun acarreaba producto del shock sufrido años atrás.

En efecto no lo había superado de manera efectiva, por lo que se convirtió en una madre sobreprotectora a niveles impresionantes, a la medida que no permitía que Irene asistiera a casa de algún amiguito que estaba de cumpleaños, o a la piscinada del colegio.

Esto parecía no ser tan severo ya que la madre de Irene se aseguró de llevarla ella personalmente a dichos eventos y estar presente, y en caso de no poder asistir ella, le recompensaba luego con alguna salida o regalo que calmara el posible descontento de la niña.

La verdadera crisis llegó años más tarde, cuando Irene fue recompensada por sus excelentes calificaciones por lo que recibió una beca para estudiar medicina en una universidad lejos de la ciudad natal, no hubo manera de convencerla que le permitiera a su hija cumplir con su sueño, de manera que lamentablemente Irene perdió la oportunidad que la vida le había brindado, esto debido a una tragedia de la que ella no entendía muy bien pues su madre siempre fue muy evasiva respecto a ese asunto.

Recientemente Irene se graduó con honores en la catedra de psicología y aunque no logró su sueño de estudiar en la universidad que anhelaba, la carrera de sus sueños, está dispuesta aun seguir estudiando, tiene en mente emprender pronto el camino hacia la medicina mención psiquiatría.

Aun Irene está a tiempo de lograr su meta, pero ahora su madre enfrenta la situación de sentirse culpable por haber interferido en los proyectos de vida que su única niña deseaba realizar. Ya está en medio del proceso de superación, ella ha decidido que la historia sirva como ejemplo para situaciones similares.

Este tipo de historias que podemos encontrar en cantidades impresionantes son el vivo ejemplo que nos enseña lo importante y vital que es superar esta patología, la ansiedad no se trata de algo que solo pueda hacer algún poquito de daño a un individuo, sino que puede perjudicar toda una generación sino se está dispuesto a superarla.

Los miedos suelen ser la causa principal por la que muchas personas pueden terminar por no avanzar en la vida, fobias creadas por fracasos en emprendimientos, por problemas de banca rota, por perder la casa en una catástrofe bien natural o algún embargo, temor a quedar embarazada por complicaciones en embarazos anteriores, y pare usted de contar la cantidad de situaciones adversas a la que día a día tenemos que enfrentarnos y que es real y completamente comprensible que aunque existan los miedos, lo que se requiere es la determinación para superarlos.

Debes superarlo por tu relación con tu pareja

Una vez escuche a un viejo amigo asegurar, "no hay parejas con problemas, hay personas con problemas que se unen en pareja" una de las principales causas de divorcio a nivel mundial es el problema de las fobias, los temores, los miedos, y desde luego la ansiedad que toda esta situación suele generar en muchas personas.

De acuerdo a estadísticas en el tema de divorcio se ha llegado a descubrir que las personas que se unen en pareja por segunda vez tienen un mayor índice de probabilidad de separarse que en los casos de pareja por primera vez, esto tiene una sola razón, y justamente se trata de situaciones de ansiedad por etapas no cerradas de la vida de anterior de dichas personas.

Es posible que la primera relación haya finalizado

con problemas que por lo general dejan ciertos traumas, estos traumas desde luego que generan temores, fobias, miedos, estos pueden manifestarse en las siguientes relaciones y los temores de vivir nuevamente los episodios que experimentaron en la primera relación. Los niveles de ansiedad que se generan ante estas situaciones no superadas suelen ser suficiente para enfrentar verdaderas dificultades en las relaciones.

Estas circunstancias suelen convertir en victimas a personas que en realidad pueda que estén haciendo todo bien, pero los temores propios de las malas experiencias de las relaciones pasadas puede resultar un detonante para que la relación termine por separarse, debido al alto nivel de estrés que genera esta situación.

En realidad me parece que es una verdadera lástima que superar la ansiedad sea solo una opción, creo que la salud mental y la salud emocional debería ser un derecho universal como el resto de lo que conocemos como los derechos humanos. No obstante es el deber de cada persona considerar cuál es el área específica que la ansiedad puede estar afectando en tu vida, ¿puedes decir nuevamente después de leer todo lo que te he dejado en este capítulo por qué debes superar la ansiedad?

La salud emocional es un deber que tienes con tu propia vida, así que deja de lado cualquier obstáculo que se oponga entre tu libertad y tú, y camina rumbo a la vida que mereces, una vida libre de los estragos que generan los temores, los miedos, y que desembocan en ansiedad, es tu decisión.

4

TÉCNICAS PSICOTERAPÉUTICAS
PARA SUPERAR LA ANSIEDAD

Como bien he dicho en el capítulo anterior superar la ansiedad es casi una obligación en la que cada persona debe poner todo su empeño, es completamente inaceptable mantener una vida llena de caos y de todas las situaciones en la que nos adentra esta la ansiedad siendo que podemos contar con todas las herramientas que se necesitan para lograr este objetivo. En esta dirección he emprendido este capítulo, justamente en las técnicas que son necesarias para superar este flagelo.

Superar la ansiedad es un trabajo que requiere de un gran enfoque en este momento, principalmente en días en que el mundo se encuentra tan convulsionado por los distintos eventos que pueden desatar de alguna manera una especie de caos en el interior de muchas personas.

Vivimos momentos de conflictos constantes, se oyen temas de guerras, crisis económicas, virus mundiales y pare usted de contar la cantidad de información que llega a convertirse en desesperante para algunas personas, quizás no sea que estemos en tiempos en los que las malas noticias hayan aumentado en número, pero posiblemente lo que sí ha aumentado es la velocidad con que las noticias se expanden alrededor del mundo, y esta situación ha sido causante de que la sensación de vulnerabilidad de muchas personas se vea expuesta.

Así que presentamos en la actualidad unos de los momentos de la historia con el más grande índice de personas en verdadera crisis, en algunos casos por situaciones reales, mientras que en otras solo pueden ser temores infundados por la magnito del caos que se nos presenta a la vista del solo hecho de encontrarnos con todo el aparataje informativo tan grotesco que escuchamos y leemos día a día.

Por esto vamos a ver en este momento algunas de las técnicas que pueden servir y ser realmente útil para llevar a cabo la superación total de los temores que pueden estar afectando tu vida y generando estados de ansiedad en los niveles que sea que lo esté generando.

Tratar la ansiedad a través de la relajación

Existen muchas técnicas y escuelas enfocadas en sanar la ansiedad y erradicar sus efectos por completo de la vida de cada individuo que pueda estar padeciendo los estragos de este tipo de patologías, no obstante, es importante dar inicio a todo este proceso a través de ciertas técnicas que pueden ayudar a minimizar el impacto de la ansiedad en la vida de las personas.

Una de esas técnicas que por cierto suele ser la primera técnica recomendad en los casos de psicoterapia es aprender a relajarse, dominar el arte de la relajación supone la puerta de entrada al auto control de las emociones, y el método más eficaz para ejercer un control adecuado a los episodios de ansiedad que se puedan hacer presente en un momento dado.

¿En qué consiste la técnica de relajación?

Pese a que pueden existir diferentes métodos de relajación, existen algunas reglas que pueden considerarse como básicas en todas, por lo que la aplicación de dichas técnicas puede diferenciarse en pequeñas cosas pero todas manejan los mismos principios. Esto consiste básicamente en lograr un estado de quietud en los distintos ámbitos de la vida humana, es decir tanto en el plano físico como en el mental, la forma de llevarlo a cabo incluye los siguientes pasos:

Paso # 1: Asegúrate de encontrar un lugar que sea cómodo

Dependiendo del nivel y causa de la ansiedad es el mismo individuo que debe determinar si le resulta más cómodo estar solo o acompañado, pero el enfoque real de este punto es que logre establecer el lugar para los ejercicios que mantenga un buen clima, es decir una temperatura que sea agradable, evitar el exceso de calor al igual que el frio, si cuenta con un climatizador de acuerdo a la estación del año un clima adecuado puede estar establecido en un aproximado de 14 a 16°c, en cualquier caso esto estará sujeto a sus preferencias particulares, lo importante, insisto es que se sienta cómodo.

Otro detalle es asegurarse de usar ropa que sea suaves y cómoda, preferiblemente holgada, la incomodidad de la ropa ajustada puede resultar entorpecedora de los ejercicios, la luz debe ser tenue.

Paso # 2: Procura mantener una postura adecuada

Puede ser sentado aunque lo preferible es que lo hagas en la posición acostada, tumbado con las extremidades bien estiradas asegurándote que en ningún momento del ejercicio las pongas rígidas, si llegases a tener elementos del vestuario o decorativos como cinturón, sujetados, zarcillos anillos o cualquier otro elemento que pueda incomodar o ejercer algún tipo de presión lo ideal será aflojarlo, o en la medida de lo posible retirarlo completamente.

Paso # 3: Evita divagar en tu mente

Debes hacer el mayor esfuerzo posible por no dar tantas vueltas en pensamientos innecesarios en tu mente, debes tratar de dejar cualquier pensamiento fuera y concentrarte exclusivamente en las instrucciones de los ejercicios que se llevarán a cabo en medio del ejercicio como tal.

Estos que te acabo de mencionar son los tres pasos previos al proceso de relajación, puedo dejar una recomendación como un plus y es que te asegures de practicar estos ejercicios cuantas veces puedas hacerlo, la garantía de que realmente aprovecharás al máximo estos principios es que te vuelvas un experto en la práctica del mismo.

Una vez logrado los objetivos iniciales, o sea los tres puntos que acabo de darte llega el momento de evaluar los distintos ejercicios de relajación. Presta especial atención a cada uno de los ejercicios que te enseñare a continuación. La práctica de cada uno de estos de manera terapéutica con las condiciones descritas arriba, podrá ayudarte en momentos particulares en los que la ansiedad pueda intentar aparecer en tu vida.

Ejercicio # 1: Relajación muscular

Esta técnica conocida también en algunos círculos como "relajación muscular progresiva" permite tener un amplio conocimiento de tu cuerpo y sobre todo un control de los distintos grupos musculares, el ejercicios consiste en comenzar a contraer y relajar cada musculo de tu cuerpo, si puedes hacerlo por grupo de músculos mucho mejor, el trabajo es una constante repetición, contrae, relaja, contrae, relaja, esto lo vas a repetir hasta conocer e identificar cada uno de los músculos.

Es importante que mantengas presente que no es necesario hacer las contracciones a un nivel que pueda convertirse en un dolor o genere incomodidad, mucho menos si recientemente has pasado por algún tipo de operaciones, fracturas o desgarres en algún músculo, no debes practicar este ejercicio.

Ejercicio # 2: Ejercicio de respiración desde el diafragma

La intención es lograr establecer un ritmo respiratorio calmado y profundo, hay que recordar que una de las alteraciones más importante que puede sufrir nuestro cuerpo es una agitación exagerada en el proceso de respiración, por ello la propuesta de este ejercicio es justamente aprender a manejar una respiración que sea pausada y calmada y que permita controlar nuestro ritmo en caso que una situación de ansiedad pueda aparecer.

Debes respirar de manera suave introduciendo el aire por la nariz, retener por unos segundos y luego exhalar suavemente por la boca, con los labios ligeramente separados, en medio de la inhalación debes asegurarte que se expanda el diafragma (el abdomen) y al exhalar baje, de esta forma podrás encontrar mantener la calma ante situaciones que normalmente pueden terminar en crisis, mucho cuidado aquellas personas que tengan algún tipo de afectación pulmonar, es preferible otra técnica.

Ejercicio # 3: Enfoque de la respiración

Este tipo de ejercicio está diseñado principalmente para iniciar a controlar el enfoque, es que por regla general cuando aparecen los síntomas de ansiedad, suelen aparecer una serie de pensamientos que comienzan a crear todo un nivel elevado de caos en la mente, dado esto la propuesta de este ejercicio es "amaestrar" a nuestra mente a dirigir los pensamientos hacia el punto que deseemos y que a su vez nos permita mantener los pensamientos dañinos a raya.

Dicho esto vamos a la técnica, todo consiste en establecer una conciencia en nuestra respiración normal, tratar de fijar la mente exclusivamente en este pensamiento, trata de imaginar el aire entrando y saliendo de tu cuerpo, imagina el recorrido que hace entre tanto que entra, llega a tus pulmones, luego imagina todo el recorrido que este da hacia la salida.

Piensa en la temperatura que posee el aire que estas inhalando, como va llenando todo tu organismo de oxígeno. Debes procurar percibir en qué punto del ejercicio tu mente puede irse a otros senderos, y rescatar tu mente de la manera más rápida posible de los pensamientos ajenos al ejercicio, y traerlo nuevamente al ejercicio que estas realizando.

Ejercicio # 4: Relajación por evocación

Tal como el mismo nombre indica, este tipo de ejercicio consiste en traer al presente algún tipo de sensación o emoción que haya experimentado en el pasado que pudo haber tenido como resultado un estado de alegría o de gozo que pueda servir para interponerse ante un posible episodio de ansiedad que pueda haber aparecido, o que los síntomas se hayan asomado indicando la posible llegada de algún tipo de emoción que indíquela aparición el mismo.

En el estado de reposo que ha alcanzado en los ejercicios previos y que el ambiente esté listo para practicar, lo que debe hacer a continuación es cerrar los ojos y tratar de establecer una conexión sensorial con el evento que le causó el impacto emocional de bienestar, pensar en la situación, y las distintas experiencias sensoriales que estén involucrados al recuerdo, como olores, colores, sabores y sonidos que establezca una conexión con el evento para tratar de replicar las emociones sentidas en el tiempo de dicha emoción.

Son cuatro las técnicas que ya te he entregado y que resultan muy importante poner en práctica, la relajación es vital para esto pues justamente la situación que convierte a la ansiedad en una situación descontrolada es la alteración de las emociones, pues no puede ser más recomendable algo que calmar esas emociones, mantener la calma es haber ganado un amplio terreno a la ansiedad, por esto es que este tipo de técnicas y ejercicios lo recomiendo como el primer paso, si acaso no el fundamental.

Hay una técnica adicional que no quise agregar por no ser tan objetiva pero que pudiera tener igualmente un efecto en algunos.

Se trata de un ejercicio parecido al de evocación, solo que en este no vas a evocar una situación que hayas experimentado en tu vida, sino de una sensación basada en una experiencia que te hagas en la misma mente, es decir supones o imaginas el evento o situación que puedes ser placentero, buscando los efectos emocionales positivos que pueden hacerse presente en el ejercicios.

Superando la ansiedad a través de la terapia de la exposición

Luego de practicar métodos tan importantes y eficaces como el de relajación, te traigo una nueva metodología, que no por estar de segundo en el orden del capítulo es menos importante, se trata de la famosa terapia de la exposición.

La terapia de exposición suele ser muy eficaz para superar traumas a través de una metodología que ha probado ser verdaderamente util, sobre todo para superar algunos tipos de fobias y miedos que suelen ser un verdadero problema al punto en que pueden llegar a paralizar a una persona y puede llegar a interferir en su vida normal.

La terapia en cuestión consiste en llevar al paciente a enfrentar la situación que se plantea como traumática a través de la utilización de elementos que puedan guardar algún tipo de relación directa con el trauma, la idea es cambiar la percepción desde la óptica de los sentidos que normalmente el individuo tiene respecto a la situación como tal, dicho de otra forma consiste en la desensibilización de la persona respecto a los hechos que le hicieron sufrir el trauma.

El paciente es puesto en contacto pero de una forma controlada y segura con las situaciones o elementos que le crearon el conflicto que hoy están atravesando, la idea es crear un nuevo paradigma respecto a esta situación o elemento de manera que vaya cambiando la estructura de pensamiento que ha desarrollado sobre dicho elemento.

Todo esto lo que busca es que el individuo pueda

llegar al punto de hacer una valoración completamente distinta a la que ahora está haciendo, en relación a esta situación particular y que cada vez que se encuentre frente a los elementos que genera el efecto producto del trauma, tenga una nueva sensación que desde luego este distante del comportamiento traumático que hasta ahora ha venido manejando.

Para evaluar de manera clara este tipo de terapia comencemos por ver algunos aspectos importantes, lo primero es que se mantenga siempre presente que este tipo de trabajos deben realizarse bajo un estricto control profesional, que es quien irá guiando de manera segura todo el proceso.

Las terapias de exposición es un tipo de trabajo que requiere ser llevado a cabo de manera progresivo, la ciencia de este tipo de terapia consiste en el siguiente ciclo: "Exposición, retirada, recuperación y repetición. Vamos a evaluar cada uno de estos pasos que acabo de mencionar.

Exposición

Este aspecto consiste en poner a la persona que se encuentra afectada por la condición de la ansiedad, a los estímulos que son los desencadenantes de la incomodidad que terminan por convertirse en el desarrollo de los ataques de ansiedad, esto se hace de acuerdo a los criterios que el terapeuta considere pertinente basándose, claro está, en el historial clínico y lo más importante, la valoración que este haya hecho del paciente en el aspecto psicológico.

Consideración de retirada de la evaluación

En este paso el terapeuta suele evaluar de acuerdo a las reacciones del paciente si es conveniente o no continuar con la terapia, por ejemplo en el caso de notar que la ansiedad puede llegar a nivele alarmante y salirse de control, lo mejor es abandonar la terapia el tiempo que sea necesario, retirarse no debe confundirse de ningún modo con huir de la situación, ya que lo que se busca con esto es que el individuo no se sensibilice más aun con el trauma, de manera que la retirada viene a ser un recurso con el que puede evitar incrementar ese sentimiento.

En los casos que la circunstancia impida que pueda retirarse de manera física existe la posibilidad de hacer un aislamiento mental o emocional, se trata de un recurso que es en realidad imaginativo en el cual se puede sacar la mente de esta circunstancia particular.

La recuperación

Una vez que el paciente haya encontrado la necesidad de retirarse de la situación es imprescindible que en primer lugar logre establecer un buen nivel de calma, que bajen los niveles de ansiedad a un punto en el que pueda ser perfectamente manejable. Para este fin se recomienda llevar a cabo algunos ejercicios como los explicados anteriormente tal como los ejercicios de respiración, o cualquier otro, lo importante es regular la tensión que pudo aparecer y conllevaron a la retirada del ejercicio de manera temporal.

Repetición

Tras todo lo anterior se debe retomar nuevamente la exposición a los estímulos que generan incomodidad en el paciente, este proceso se debe repetir cuantas veces se considere necesario procurando que en cada repetición se trate de llegar los más lejos posible en el desarrollo del ejercicio.

Es importante considerar varios elementos respecto a este tipo de terapia, en primer lugar es necesario hacer una evaluación en dirección a la intensidad que debe tener este tipo de terapia, se recomienda que tenga un nivel de intensidad tan alto como el paciente sea capaz de soportarlo, aunque luego deba detener y volver a empezar, en cuanto a la duración la recomendación es que dicha terapia sea tan larga como sea posible, se recomienda una media mínima de 30 minutos.

Se considera que este tipo de terapia y su buen desempeño requieren de estos tres elementos vitales para llevarlo a cabo:

La exposición al estimulo

Esto consiste en desarrollar contacto con el elemento que ha estado creando o desarrollando los estímulos que generan los constantes episodios de ansiedad, sin embargo este tipo de contacto suele llevarse a cabo de manera planificada y organizada, ya que al llevarlo a cabo se busca que este sea sin crear ningún tipo de efecto negativo en el individuo o al menos que asegure no ser amenazante.

Este tipo de terapia tiene como objetivo crear un tipo de aprendizaje que resulte correctivo de la conducta inicial en base a estimulo, de manera que ante la aparición de dichos estímulos se tenga una percepción de que no existe ningún peligro latente por el hecho de la presencia de los mismos.

Es importante aclarar que los medios utilizados para lograr la estimulación en este tipo de terapia no necesariamente se traten de objetos o elementos fisco y tangibles, pueden ser incluso elementos como pensamientos, situaciones o estímulos sensoriales.

Representación del estimulo

El elemento generador del miedo o trauma debe estar presente, ya que este es el que va a generar el estímulo necesario para llevar a cabo con eficiencia todo el proceso de reactivación del elemento cognitivo que será el encargado de crear todo el nuevo paradigma respecto a la situación en concreto, esta representación debe hacerse de manera real, a través de herramientas como la narración, de forma imaginativa, o virtual, lo importante es que cuente con todos los elementos principales que resultan en los detonantes que van ocasionar que la persona reviva aquel aquella situación traumática.

La continua y extendida repetición

Tal y como acabamos de ver en cada uno de los pasos, repetir una y otra vez cuanto sea necesario este ejercicio será una de las maneras eficaces de lograr los objetivos esperado ante la práctica de dicha técnica, se va a lograr de forma efectiva la disminución de los niveles de ansiedad de la persona.

Este modelo de terapia que acabamos de analizar es

un proceso que está probado como uno de los modelos más efectivos para bajar de manera considerable los niveles de estrés, su éxito radica en que no considera la eliminación de recuerdos perturbadores, sino que propone una nueva relación con ellos, está más que claro que la situación de la ansiedad se da por ideas aprendidas respecto a los episodios o elementos que causan la incomodidad, de manera que este modelo de terapia propone un nuevo aprendizaje respecto a los mismos estímulos, dicho de otra forma se trata es de aprender a convivir de manera saludable con los elementos que en otro momento resultaron terriblemente nocivos y perturbadores

Mindfulness

Hablar de Mindfulness hace preciso remontarse a más de 2500 años atrás en la que cierto personaje icónico de la cultura oriental conocido como Buda, perfeccionó ciertas técnicas de meditación, el significado de esta palabra es de manera muy sencilla "mente plena" pero el enfoque que tiene este tipo de filosofía o práctica ancestral es el estar presente el aquí y ahora.

Pertenecemos a una de las generaciones de la historia que más ausente ha estado, por un lado nos mantenemos en un constante pensar en el pasado, arrastrando con ello anclas que no nos dejan desempeñarnos mejor en el presente, por otro lado puede mantenernos atrapados en situaciones dolorosas que son justamente muchas de esas situaciones las que posiblemente mantienen a munchas personas atadas a problemas de ansiedad verdaderamente serios.

Por otra parte hay quienes suelen vivir atados a la preocupación por el futuro, y por sorprendente que pueda parecer, esto también puede generar serios problemas en otros, ya que el temor de lo que pueda sucederé en el futuro mantiene a muchos atados a serios problemas de desesperación y preocupación.

Aún recuerdo el caso de una pequeña niña, Laura estaba completamente infeliz y atormentada, con tan solo 12 años sus niveles de ansiedad eran muy severos, al punto que hubo que intervenir en su proceso educativo, no puedo estudiar de manera normal ya que el estado de su estrés llegaba a convertirse en colapsos que incluía convulsiones, Laura no tenía amigos, no salía a la calle, apenas jugaba muy escasamente con su hermana mayor Esmirna.

Cuando la visité y pude hablar con ella pude percibir que todo lo que estaba aconteciendo era un profundo desespero por el fin del mundo, porque un personaje aparecería y le colocaría sellos y cosas por el estilo, estaba tan asustada que no quería ni salir de casa, en medio de las largas noche sin poder dormir su mente llegó a niveles de alucinación en el que la sabana que utilizaba para arroparse se convertía en una serpiente que le hablaba de los terrores que sufriría en un futuro no muy lejano por sus pecados.

Así como Laura muchas personas están atados a emociones o sentimientos que generan ansiedad y sobre todo porque están atados a un tiempo que está lejos del aquí de la realidad, de este momento preciso, por eso la razón de ser del Mindfulness.

¿Qué es el Mindfulness?

Muy bien, esta disciplina es un modelo que está basado fundamentalmente en los proceso de meditación orientales, de hecho se basa en algunos principios de meditación principalmente de la tradición budista, sin embargo no implica esto de ninguna manera que esta disciplina guarde algún tipo de relación con esta tradición religiosa, sino que se trata de los principios de meditación aplicado en dichas culturas, contextualizadas y aplicadas, lo que permite acceder a un gran número de beneficios sobre todo en el tema de la terapia contra la ansiedad.

Como acabo de indicar los ejercicios de meditación aprendidos de algunas escuelas orientales de carácter milenario han sido adaptados a la vida modera de occidente, esto con la intención de lograr los estados de tranquilidad y equilibrio mental que requiere el hombre moderno, por esto es que al Mindfulness se le conoce como el modelo de meditación occidentalizada.

El Mindfulness es toda una escuela que debes aprender y que tiene un número enorme de beneficios para tu vida, por lo cual te recomiendo que te apuntes y aprendas el arte de meditar a través de este maravilloso método, sin embargo quiero que evaluemos algunas de las técnicas más habituales del Mindfulness.

Ejercicio del barrido corporal

Este ejercicio es sumamente sencillo, consiste en adoptar una posición que sea cómoda, y comenzar a pensar en tu cuerpo, a detallar cada espacio de cada detalle, pasar tu imaginación por cada parte de tu cuerpo, soltar los pensamientos que puedan ir y venir de toda dirección y centrar la mente en el presente, fijándola desde luego en el cuerpo, puedes practicarlos por unos cinco minutos.

Ejercicio de respiración

En la misma posición que en el caso anterior se debe tener un especial cuidado en el proceso de la respiración, es decir fijar la atención en la entrada y salida de la respiración.

Ejercicio de la vela

Este ejercicio consiste en encender una vela y fijar toda la atención en la llama, estar siempre atento a cada una de las reacciones de la misma, sus movimientos, su comportamiento ante la posible entrada de brisa, los colores, etc.

Ejercicio de la ducha

Se trata de aprovechar el momento del baño para realizar este ejercicio, que consiste en prestar atención al recorrido del agua, como cae en tu cuerpo, como recorre desde tu cabeza a los pies, la temperatura, la reacción de tu cuerpo, etc.

Ejercicio del agua

Este está dirigido a llevar a cabo el ejercicio tomando agua con alto nivel de conciencia, es decir establecer una conexión con el líquido desde que llega al vaso o recipiente, prestar atención a su sonido, su color, tomarla, imaginar todo el recorrido que ella está haciendo. Etc.

Como has podido notar este tipo de ejercicio tiene un propósito claro, se trata de empezar a establecer una conexión con el presente, tratar de dejar de lado la divagación entre tantos pensamientos y establecer una conexión con el presente, entender esto es sumamente positivo ya que te ayuda a superar las situaciones de angustia que puedas estar viviendo por preocupaciones o situaciones del pasado, o por ideas de situaciones futuras.

Estando muy joven tomé un trabajo durante las vacaciones del colegio, un día aprendí a experimentar los beneficios de vivir el aquí y ahora. Entrando al estacionamiento de mi trabajo iba pensando en lo afortunado que era por tener un gran empleo, aun cuando muchos lo deseaban el trabajo era mío, al llegar al sito de trabajo mi jefe inmediato me notificó que estaba despedido, había reducción de personal y por ser uno de los más novatos evidentemente estaba en los primeros lugares de la lista.

Evidentemente esto causó algo de amargura, pero no sé por qué llegué a establecer una conexión directa con el pensamiento anterior, y recordé lo feliz que era minuto atrás, entonces pensé que posiblemente venga pronto un trabajo y no tendré tiempo para hacer otras cosas, así que tomé mi desempleo temporal como unas pequeñas vacaciones,

Vamos a ver cuáles pueden ser los principales beneficios que se pueden obtener al practicar esta disciplina de meditación como lo es el Mindfulness.

Nos ayuda a mantener la atención enfocada

Un gran número de personas en la actualidad suelen vivir en modo automático, por este motivo la mente puede perder el enfoque y se mantiene divagando por toda clase de pensamiento, esto es un verdadero obstáculo rumbo a la vida tranquila, en paz y motivada que necesitamos para alcanzar grandes objetivos, imagina que el enfoque es como una linterna que en medio de la oscuridad trata de encontrar algo, la manera de lograrlo evidentemente será creando el enfoque de dicha linterna, pues el Mindfulness suele ser la mano que sostiene la linterna, y dirigirá el enfoque en la dirección correcta para que puedas observar lo que es realmente importante.

Mejor relación con las emociones

En efecto, esta disciplina al ayudarnos a tener una mejor relación con los pensamientos a través del enfoque de nuestra mente es un medio que nos permite experimentar menos las sensaciones vividas en el pasado, todo se trata de mantenerse en el presente gracias a la concentración y la conexión con el aquí y ahora.

Gestionar los pensamientos

Otro gran aporte de la disciplina del Mindfulness es ayudarnos a hacer una gestión de todos los pensamientos que de continuo mantienen pasando por nuestras mentes, como es bien sabido la mente es algo que no para de enviarnos cientos y cientos de pensamientos sin parar, estos pensamientos pueden terminar por desencadenar las sensaciones que finalmente pueden terminar por convertirse en la situación que genere algún episodio de ansiedad.

Poder estar conscientes de los pensamientos es una de las maneras más eficaces de decidir cómo desplazar los pensamientos que no deseamos, pero solo se logra siendo consciente de ellos, objetivo que es posible gracias a la práctica de esta disciplina.

Controlar la ansiedad

Como bien te he mostrado desde el principio, la ansiedad es un asunto que está en primer lugar anclado a sucesos del pasado o temores relacionados con el porvenir, de manera que para que esto se haga activo en el presente se requiere necesariamente arrojar nuestros pensamientos a los tiempos en los que está anclado dicha ansiedad, por este motivo es que el Mindfulness viene a ser una gran herramienta para superar este problema, ya que nos ayuda no solo a estar presente en el aquí y ahora, sino que nos ayuda a gestionar nuestros pensamientos de manera que al estar consciente de todo lo que pensamos no permitamos que los pensamientos dañinos afecten nuestras vidas.

Ya hemos visto un par de técnicas que son muy efectivas en cuanto al tratamiento de la salud emocional se refiere, pero específicamente cuando se trata del caso de la ansiedad, sin embargo aún quedan otras por abordar, así que avancemos un poco más para seguir evaluando experiencias interesantes que pueden servir como maravillosas herramientas, para lograr superar los flagelos propios de los trastornos de ansiedad y a su vez los cuadros depresivos que suelen nacer como consecuencia uno del otro.

Terapia psicoterapeuta de grupo

¿Cuál puede ser la ventaja de este tipo de terapia? Ante todo debemos evaluar lo siguiente: somos seres que estamos diseñados para vivir en relación con los demás seres de nuestra especie, por ello la primera composición con la que nos encontramos al nacer es la familia, posiblemente algunos trastornos requieran de terapias individuales, sin embargo, gran número de casos logra superar su situación justamente a través de las terapias de grupos.

De hecho se puede dar la posibilidad que dicha terapia esté funcionando en algunos casos como doble terapia, ya que puede ser para algunos una terapia de exposición (esto en el caso que el paciente en cuestión tenga fobia de estar entre más personas desconocidas) y a la vez disfrutar de los beneficios de las terapias grupales.

¿Qué beneficios específicos se puede obtener de la terapia de grupo?

Son muchos los beneficios que se pueden obtener de este tipo de terapia sobre todo para casos importantes como es el caso de los trastornos depresivos y de ansiedad, pero vamos a ver una serie de algunos de los beneficios que se pueden obtener con la práctica de este tipo de terapia.

Entiendes que no eres el único que atraviesa por esa situación

Una de las situaciones de desesperanza que suele ser

muy común entre las personas que están padeciendo algún tipo de ansiedad, suele ser la idea siguiente, piensan que son unos verdaderos extraños, que atraviesan cosas que no le pasa a nadie más, esto en especial es una situación que suele agudizar la problemática de la ansiedad y sumir en mucha depresión a una persona, sobre todo cuando el problema generador de dicha situación tiene que ver con aspectos que son juzgados como inmorales.

Para dar una mejor idea sobre este asunto me gustaría recurrir a una situación particular que aunque se trata de un caso hipotético seguro estoy que existen cientos de casos como este, asumamos que una niña ha sido objeto de constante abuso por parte de una persona cualquiera, pero esta persona le llega a convencer que lo que está haciendo sucede porque ella le ha creado algún tipo de atracción.

Ante este tipo de situación la niña no solo debe lidiar con el abuso del que está siendo objeto, sino que debe luchar igualmente con la idea y sentimiento de culpabilidad, llegó a convencerse que lo que le sucede es una desgracia, pero dicha desgracia es de alguna forma algún tipo de castigo, esto la lleva a refugiarse en sus pensamientos y sentirse cada vez peor, pero incapaz de enfrentar su secreto pues cree que solo ella ha sido capaz de cometer semejante error.

La terapia de grupo le va a ayudar a entender que estas situaciones son más similares de lo que se cree (y no lo digo de manera normalizan te) es la triste realidad, pero aprenderá que es posible superar tal situación tal cual como otro pudo hacerlo.

Desarrolla la capacidad de recibir y dar apoyo

Se suele creer (quizás gracias a algunas ideas sembradas por las películas) que en la terapia de grupo cada cual expone su problema y recibe terapia de manera individual, mientras el resto de los asistentes escucha, pero estas no es la verdad, en medio de este tipo de terapia el trabajo consiste en que cada paciente dé su versión de lo que le está sucediendo, mientras que otro participante espera la oportunidad de tomar la palabra para darle apoyo al que ha expuesto con anterioridad, y este a su vez puede recibir la consideración de otro.

Nos ayuda a encontrar nuestra propia voz

Para algunos puede resultar algo insignificante, pero para otros puede ser la completa diferencia entre la felicidad y el desastre emocional, hay quienes están convencidos que lo que a ellos les pasa no es del interés de nadie, por lo tanto suelen aislarse con sus problemas y no abrir las puertas a nadie, una terapia de grupo suele ser un mecanismo para comprender que sí eres valioso, que sí hay muchas personas que están interesados en ti, y que les gustaría encontrase con la posibilidad de ayudarte, escuchar tus problemas y desde luego les gustaría verte supera esos problemas.

Puedes ser más sincero pero desde una óptica más saludable

Veamos lo siguiente, una verdad dicha de manera incorrecta en el momento incorrecto puede ser un grave error aunque se trate de una verdad, por ello al estar en una terapia de grupo se hace idóneo expresar esas ideas que en otras circunstancias pueden ser dañinas para algunos.

Pero dicho todo esto es bueno observar de manera detallada en que consiste la terapia de grupo, esto no es otra cosa que el desarrollo de un grupo terapéutico, en el que se trabaja de forma clara y explícita el afrontamiento de las causas que son las generadoras de la ansiedad, en el que se favorece la aplicación de los recursos psicológicos (y se evalúan las posibilidades de la adopción de nuevos recursos) para lograr la superación progresiva de los cuadros que pueden afectar a cada individuo en particular.

Existen muchas maneras de llevar a cabo este tipo de terapia, sin embargo se suele realizar de una manera particular, principalmente se tiene la tendencia de llevarla a cabo de manera semanal o quincenal, y se incluyen en cada terapia un número aproximado de siete a ocho personas, los cuales trabajaran en torno a un objetivo concreto, que en la mayoría de los casos responden a la detección y además afrontar activamente las circunstancias específicas que suelen ser las detonantes para los episodios en los que aparecen reflejados la ansiedad.

Practicar deporte ayuda a superar la ansiedad y sus efectos

Desde luego que no se puede asumir la práctica deportiva como un método de psicoterapia, pero se hace completamente importante mencionar los múltiples beneficios que estos otorgan a nuestra salud, por lo cual mantener algunas de las rutinas que ya he mencionado y mezclarlas con las distintas formas deportivas que puedes tener a tu alcance es realmente beneficioso para la salud tanto física como emocional.

Pero para no extendernos tanto sobre este asunto qué tal si pasamos a elaborar un análisis del impacto que la práctica de alguna disciplina deportiva puede tener en la vida de una persona para que sea saludable, pero mayormente los beneficios a nivel mental y su aporte en la salud del mismo.

Desarrolla nuevas neuronas

Pese a la creencia que por mucho tiempo se logró tener en el campo de la medicina, y que aun predomina en el ideario de muchos, que es el cerebro es incapaz de desarrollar nuevas neuronas hoy por hoy a quedad completamente demostrados tras serias investigaciones en el campo de la neurociencia que nuestro cerebro a través del hipocampo tiene la capacidad de desarrollar un proceso conocido como la neurogenesis.

La neurogenesis es un proceso realmente interesante e importante de nuestro organismo a través del cual nuestro cerebro es capaz de crear células nuevas partiendo de las células madres y de las células progenitoras, lo interesante de todo esto es que justamente la ansiedad y la depresión son los que se oponen u obstaculizan la formación de la neurogenesis.

Dicho lo anterior no hay que ir muy lejos para comprender que si la depresión detiene la neurogenesis, y el deporte lo activa, practicar deporte es una forma de contrarrestar los efectos de la ansiedad y la depresión.

El deporte activa la hormona de la felicidad

Está comprobado que la práctica habitual de deporte ayuda a la segregación por parte de nuestro organismo grandes cantidades de serotonina, este neurotransmisor ejerce una influencia directa en el estado de ánimo del individuo, al igual que en la ansiedad y la felicidad, por lo tanto este es un buen motivo que nos deja claro que no solo resulta una opción interesante, sino que también es una opción necesaria.

Mejora la capacidad de concentración

Algunos de los ejercicios psicoterapéutico que he mencionado en este capítulo tienen como denominador común que requieren de altos niveles de concentración, pero la verdad es que estando en una situación de caos emocional puede resultar difícil llevar a cabo una concentración eficaz, pero practicar deporte es un método muy efectivo para que puedas progresivamente ir mejorando los niveles de concentración.

Desde luego que hay más beneficios de hacer deporte no solo en dirección de la salud mental, sino que en el aspecto de la salud física también hay serias implicaciones al practicar algún tipo de deportes, y esto además tiene implicaciones importantes en el tema de la salud emocional, pues las diferentes afecciones del organismo pueden tener reacciones negativas en el estado de salud mental.

Deja de fumar

Ha modo de plus quiero agregar la importancia del problema de la adicción al tabaco, y este problema radica no solo en el daño directo que este mal hábito tiene sobre la vida de una persona, sino en la idea fuera de todo sentido que ha hecho creer que el cigarrillo ayuda a superar la ansiedad.

Todo lo contrario, el hábito del cigarrillo aumenta la posibilidad de padecer cuadros más críticos de ansiedad, pero además incrementa significativamente la depresión, por lo tanto es imprescindible que si has estado fumando con la intensión de superar la ansiedad debes saber que es justamente el cigarrillo que ha estado ocasionando dicho estrés.

Y por último en el sentido de recomendaciones, quiero resaltar la importancia de una adecuada alimentación, aunque no sea algo que se trate comúnmente la verdad es que la alimentación tiene un impacto verdaderamente significativo en la salud emocional, por ejemplo el exceso de azúcar en el organismo eleva la posibilidad de generar estado emocionales depresivos.

Se ha dejado ver a través de muchos estudios la profunda relación que tiene la ansiedad y depresión con el consumo de glucosa, pero es claro y notorio desde hace mucho la relación que guarda los altos niveles de azúcar en el organismo con el síndrome metabólico, resistencia a la insulina, lo que ocasiona directamente una hipoglucemia y los síntomas de esta condición que termina por convertirse en enfermedades realmente alarmantes como la diabetes, son depresión, agresión en varios niveles, insomnio, debilidad física y decaimiento, en algunos casos puede incluirse pérdida de conocimiento.

¿Y sino como tanto dulce?

Hay que recordar que la glucosa que entra al organismo no necesariamente está relacionado con el consumo directo de este, de hecho la glucosa es el primer combustible que usa el organismo para generar energía, esta proviene generalmente de las cantidades de hidratos de carbono que consumimos y que por lo general suelen ser de acuerdo a nuestra cultura en altos volúmenes, esto se pone peor si consideramos que la cantidad de carbohidratos que solemos consumir son por lo general alimentos procesados.

Por esta razón es que muchas veces los estados de ansiedad, tristeza, depresión, etc., son muy difícil de manejar, justo por los niveles de mala alimentación que se lleva, hay que favorecer el consumo de vegetales proteínas las necesarias, y desde luego bebidas con altos niveles de azúcar como los refrescos debe empezar a mantenerlos lejos del menú.

Te doy la plena garantía que estos pequeños pero sustanciosos consejos servirán para ir mejorando significativamente la salud tanto física como emocional.

La realidad es que existen otro número de métodos y fórmulas, técnicas aprobadas por escuelas de psicoterapias que pueden ser aplicados y con resultados ventajosos, para el final de este volumen quiero dedicar un apartado especial a dar algunos métodos o ejercicios de respiración que pueden ayudarte a tener un control más destacado en el momento de enfrentar una situación que pueda detonar un estado de ansiedad.

Por el momento la recomendación es que procures buscar la ayuda de un profesional en el área para desarrollar con mayor eficacia los principios que te he venido explicando hasta este momento. Deseo profundamente que la situación que puedes estar atravesando y que de seguro te trajo hasta aquí puedas superarlo así como ya otros lo han logrado.

5

CASOS DE ÉXITOS Y SUS TÉCNICAS PARA SUPERAR LA ANSIEDAD

Ante todo quiero felicitarte por haber llegado hasta aquí, justo decía al finalizar el capítulo anterior que otros han logrado exitosamente superar los cuadros de ansiedad de manera satisfactoria, y si otros lo han logrado evidentemente es algo que tú también puedes lograr, solo basta con revisar el historial de muchas personas que incluso pueden ser famosos, artistas que veías con admiración montados a una tarima, si sospechar si quiera que pudiera estar atravesando por un cuadro severo de ansiedad o depresión.

Pero antes de ir tan lejos quisiera mencionarte sobre mi amiga Yesica la madre de Irene que te mencioné en capítulos anteriores, el padre de Irene había tomado la determinación de irse del lado de Yesica debido a que su comportamiento ansioso llegó a un punto que estaba afectando directamente incluso no solo a ella sino que estaba interfiriendo con él, así que pese al inmenso amor que sentía por mi amiga había tomado la dura determinación de seguir ayudándola en cuanto pudiera pero desde la distancia.

Luego de años de caos en el hogar, del extremo cuidado que aplicaba a Irene, terminó por comprender y aceptar que necesitaba ayuda, de manera que salió en pos de esa ayuda, así fue como su historia llegó a mi vida, hoy por hoy Yesica, Irene y Andrés, tienen una relación fantástica, pero sobre todo Yesica vive una vida plena y saludable, le ha permitido disfrutar su nueva familia a niveles inimaginable, y aunque nunca una nueva familia suplantará la anterior, el recuerdo que tiene de su anterior familia ya no genera dolor, solo se siente agradecida por la oportunidad que tuvo de compartir con ellos así se hayan ido pronto de su lado.

Lograr sanar es lograr dar el enfoque correspondiente a las situaciones que pueden por su naturaleza ser verdaderamente dolorosa, nunca se está proponiendo dejar de ver las cosas de manera objetiva, de hecho ante filosofías como la estoica se suele creer que la propuesta es esta, a saber, hacer caso omiso del dolor o de las situaciones que ameritan llorar, que en la forma más natural posible resulta que lo más saludable puede o debe ser que llore, incluso que haya algo de sufrimiento.

Lo mismo se da ante casos traumáticos, imaginemos el caso en el que por desconocimiento o incluso por imprudencia hayas entrado a una calle desconocida y peligrosa a altas horas de la noche, y como resultado terminas siendo víctima de algún delincuente. La experiencia te dejará claro que en otras oportunidades no debes ser tan descuidado, así que en el futuro, al ver una calle con características similares tendrás el cuidado necesario de no entrar por ella o puedes sufrir un ataque violento.

Eso está bien, pero asumamos que en un caso peor, estas obligado a pasar por aquella calle, ¿qué es lo que sucederá? Evidentemente que tu sistema de supervivencia te pondrá en alerta y comenzarás a desarrollar síntomas de ansiedad, pero esto es perfecto, así podrás encontrar la posibilidad de ejercer una acción eficaz ante el posible peligro, insisto todo eso está perfecto.

El verdadero problema ocurre a la medida que ahora no quieres salir a la calle a ninguna hora en ninguna calle, esto sin duda que se ha escapado de las manos.

En este nivel se requiere atención y desde luego terapia, este tipo de circunstancias tarde o temprano terminara por afectar el desenvolvimiento normal de las tareas del individuo.

Veamos algunos casos de personas que atravesaron por algunas situaciones similares, y lograron salir airosos de dichas situaciones con algo de terapia, pero sobre todo con la determinación de que debían superar esta situación por el bien de sus propias vidas.

Hablemos de la fundación Mega Meier

Se trata de una de las fundaciones que trabaja de manera activa desde el año 2007 con el propósito de crear conciencia donde quiera que la fundación tenga alcance sobre los problemas que representa para la sociedad el tema del cyber acoso y e bullyng, el trabajo que esta fundación viene realizando es verdaderamente importante y significativa, sin embargo ¿de dónde surge esta fundación estadou- nidense?

La historia que se esconde detrás de la creación de

esta fundación es realmente impactante, Megan Meier fue una linda jovencita que nació en el poblado de O' fallón Illinois, esta chica sufrió de episodios depresivos desde que estaba muy pequeña, por lo que requería de un cuidado especial por parte de su madre y su hermanita algo mayor que ella, sin embargo, la tendencia emocional de la niña siempre fue profundamente depresiva.

Fue aproximadamente a la edad de 13 años que la jovencita comenzó a recibir mensajes por parte de un supuesto admirador a través de una red social conocida como MySpace, en realidad todo era un engaño, se trataba de la madre de una ex amiga de Megan quien a manera de venganza por sentir que esta rechazaba a su hija, se hizo pasar por un chico para engañar a la joven a quien después de verse enamorada le crearon todo un nivel de acoso realmente dañino.

"Este mundo estará mejor sin ti" fue lo último que este contacto le dijo a Megan, por lo que la niña tomó la extrema decisión de acudir al suicidio.

Esta situación fue realmente devastadora para esta familia, pese a que juntos lucharon para superar la perdida de la hija, que sin duda debe ser la experiencia más aterradora que todo padre puede experimentar, la familia terminó por desintegrarse debido a la gran tensión que surgió tras el paso de los años por tan irreparable pérdida.

La situación no podía ser peor, sin embargo no era el final, la crisis más difícil se hizo presente días después cuando los padres de Megan descubrieron que quienes ocasionaron la fatídica decisión de la niña no era realmente un chico sino que se trataba de una familia vecina, una antigua amiga de Megan y su madre, todo se volvió más denso y oscuro.

Impotencia, rabia, odio, resentimiento, todos estos fueron sensaciones que experimentó la madre y fundadora de la fundación en honor a su hija, esta fue la manera de demostrar que una situación que en términos normales puede volver literalmente loco a una persona, y hacerlo enfrentar a la posibilidad de desequilibrios terribles, permitirse asistir a terapia y superar el dolor puede ser un medio a través del cual superes esas situaciones realmente tristes y dolorosas.

Hoy ese dolor se ha convertido en ganas de luchar, en ganas de salvar vidas, y aunque nunca se logre ver con normalidad la pérdida de un hijo, la muerte de

Megan no está siendo en vano gracias a la determinación de una madre que decidió no quedarse sumergida en el dolor sino que hizo que todo el dolor se convirtiera en la posibilidad de salvar otras vidas de situaciones similares tal como lo viene haciendo la "fundación Megan Meier".

Recuerdas a Matilda

Es casi imposible no recordar la cara tan tierna de Sara Wilson, la tierna niña que escenifico al personaje de Matilda para Hollywood, esta pequeña niña quien de tan solo 8 años ya se encontraba en su tercera producción (producción que por cierto sería la que proyectará más su carrera) no sabía que todo lo que hasta este momento era un sueño que cualquier niño pudiera tener, tarde o temprano este sueño se convertiría en todo una pesadilla.

Desde los tres años estaba audicionando gracias a los sueños de su madre de verla actuar en la pantalla grande, los esfuerzos vieron fruto cuando recibió el primer papel para representar el personaje de la hija del grande de la comedia Robin Williams en la película Mrs. Doubtfire.

Así comenzó todo el camino que la llevaría a conocer las situaciones más difíciles que se pueden vivir en industrias tan peligrosas y sobre todo para los niños como es el caso de la industria del cine, luego del estreno de Matilde y con apenas 8 años de edad la niña perdió a su madre, que fue víctima de un cáncer que no le dio muchas oportunidades de sobrevivir.

Tras este acontecimiento La joven actriz no quiso aceptar más papeles dentro de la industria sino hasta que había alcanzado la edad de once años, en medio de este nuevo proceso en el que por cierto le correspondió viajar sin la compañía de su madre, ni su padre (este por causas laborales) le tocaría enfrentarse a la cruda realidad de lo que vendría para su vida.

Todo el cambio de su aspecto, la llevó de ser una niña tierna a una adolescente cuyo cuerpo fue pasando a convertirse en una gordita, por lo que ya los papeles que le ofrecían no tenía que ver con el estelar, sino que se trataba más bien de papeles poco importantes en los que correspondía ser la gordita de la que todos se burlaban, etc.

La situación no podía estar peor, sin su madre, sin la popularidad de la niña tierna, y sobre todo con una crítica salvaje que no tiene clemencia de los sentimientos de nadie sino que suele lanzar sus saetas sin contemplación alguna, ¿el resultado? Un profundo estado depresivo que requirió sin más alternativa que algunos trabajos de terapia para poder superarlo.

Esta joven actriz es una activa trabajadora de la salud mental, hoy por hoy cuenta como debió utilizar técnicas de relajación para lograr superar la situación que estaba atravesando.

Ricky Martin asegura que las técnicas de relajación han sido la clave

Enrique Martin Morales, conocido cantante y actor que ha mantenido su fama por más de 30 años y ha demostrado que es posible a pesar de los estragos de la fama, la vida personal, y su intimidad, mantener la calma y la paz con algunas técnicas de relajación, su nombre aparece en la lista de la cantidad de artistas que han adoptado el Mindfulness como un estilo de vida en el que se destacan artistas de renombres como Beyonce, o el jugador de baloncesto Michael Jordan.

Con tan solo 9 años de edad iniciaría su carrera artística en uno de los grupos juveniles de los años 80 más famosos de la lengua hispana como fue Menudo, a principio de los años 90 comenzó su carrera como solista que con el paso del tiempo no ha hecho más que ir en un constante asenso.

Todo lo que implica estar envuelto en fama y mucho dinero son temas que no todos saben llevar con el equilibrio que este artista ha logrado hacerlo, hemos visto innumerable casos de artistas que el tema de la fama y el descontrol que general el dinero y de hecho puede incluso ser normal para algunos, los ha llevado a seguir vidas completamente descontroladas que terminan por caer en situaciones realmente dolorosas. Pero este no fue el caso de Ricky Martin, quien no solo se destaca por ser cantante, sino que recientemente ha decidido lanzarse en el mundo de la escritura, objeto de la inspiración que le han dado sus hijos, ha publicado un par de libro de cuentos infantiles, bajo la promesa de que seguirán viniendo más libros con el mismo enfoque.

Sin embargo uno de los trabajos más importante de escritura al que tuvo que enfrentarse fue al de su libro autobiográfico "Yo", mismo que saliera aproximadamente siete meses después de que el artista se atreviera a confesar su inclinación sexual en la que abiertamente explicaba que sentía atracción por los hombres.

De acuerdo a la entrevista que diera el afamado

cantante a la muy respetada animadora de televisión Oprah Winfrey explicó que lloró mucho al momento que le tocó confesar tal situación y que en realidad no fue nada fácil, en parte de la entrevista confesó cómo sintió que se entumecía mientras lloraba (evidencias de crisis de ansiedad).

Hoy por hoy Ricky Martin goza de una vida tranquila y sin problemas en el aspecto emocional, gracias a la práctica de Mindfulness logró encontrar el equilibrio deseado, pero además cuenta cómo práctica constantemente ejercicios de relajación que le han permitido mantener la tranquilidad de la que hoy disfruta.

Tres casos de celebridades que han manifestado abiertamente como es que el trabajo de la psicoterapia ha logrado influir en las emociones, ayudándoles a superar las etapas difíciles que les ha tocado vivir, cada caso con un tema particular, cada caso con sus propias características pero todos con una sola cosa en común, y es que fue gracias a estas técnicas de las que hemos venido hablando a lo largo de todo este libro que les ha servido para superar dichos traumas o situaciones que le llevaron a vivir condiciones extremas relacionadas con la ansiedad.

La intensión de mencionar casos con personajes que

son de renombres guarda el único propósito de poder crear una identificación muy clara respecto al tema y al personaje, en la intensión de hacerlo lo más cercano posible, no obstante, hay cientos y miles de casos que demuestran la eficacia de las distintas técnicas de las que he venido hablando.

6

¿POR QUÉ ES IMPORTANTE SUPERAR LA ANSIEDAD?

Acabamos de ver en el capítulo anterior una serie de historia reales de personas que se encontraron con situaciones difíciles a las que tuvieron que enfrentarse y que gracias a las distintas técnicas como las que te he mostrado en este trabajo, lograron superar estas situaciones que en otros casos pudo haber afectado seriamente la vida de los personajes.

Hoy por hoy gozan de buena salud emocional y han logrado continuar son sus vidas de manera satisfactoria pero además no dudo que la vida los siga enfrentando a situaciones como esas, pero las herramientas recibidas seguramente le han seguido siendo útiles antes los posibles inconvenientes nuevos por los que todos los seres humanos debemos atravesar continuamente.

¿Cuál es entonces la verdadera importancia que tiene superar la ansiedad?

Vamos a ver en que se traduce una vida que supera definitivamente el problema de la ansiedad, ahora partamos de la siguiente premisa, superar la ansiedad es sinónimo de superar los miedos, los temores, etc, y en cuanto a los beneficios que esto traduce la lista que podemos hacer es enorme, ¡veamos!

Superar la ansiedad supone una mejor vida

Al ver cada uno de los efectos que la ansiedad tiene en la vida del individuo es sumamente sencillo poder evaluar el nivel de beneficio que supone llevar a cabo cada uno de los ejercicios que te he propuesto a lo largo de todo este trabajo, las ventajas para tu vida están enfocadas en todas las direcciones de la vida misma, por ello quiero que evaluemos punto por punto cada uno de los aspectos que pueden estar involucrados en la mejoría de la salud emocional.

En primer lugar vamos a recordar las palabras del respetado medico Mario Alonso Puig, somos el producto directo de lo que pensamos, y es que nuestros pensamientos están directamente ligados a lo que sentimos, veamos este asunto un poco más de cerca.

Como bien acabo de mencionar nuestras acciones son el reflejo de todo el cúmulo de pensamientos que está en nuestro interior, por lo tanto todo aquello cuanto solemos pensar o asumir como una creencia es exactamente lo que va a suceder en nuestras vidas y entorno, y esto no tiene nada que ver con algún tipo de creencia metafísica o de poderes sobrenaturales que permiten que lo que deseamos lo atraigamos a nosotros (ley de atracción), y no se trata de que crea o no en este tema, se trata de que no es lo que nos ocupa en este momento.

La verdad es que lo que ha logrado alojarse en nuestra mente como una creencia es lo que irremediablemente vamos a condicionar nuestro cerebro a que suceda, en consecuencia una persona que está constantemente convencido que es una persona fracasada, que nada resultará bien, está condicionando su mente, su cuerpo, sus energías, a trabajar en función de eso que está en su pensamiento.

Todo lo que acabo de mencionar quiere decir una sola cosa, superar la depresión no es una forma en sí misma de solucionar los problemas de la vida, pero si supone que vas a restar la dirección de tu vida hacia los elementos que perjudica tu desempeño, ¿a qué se debe esto? Bien, como ya he dicho se trata que aunque no necesariamente esto representa la solución a menos ya tu mente no estará enfocada en el fracaso, en la tristeza, etc.

Pero a todo esto surge la incógnita que si no es esta la solución definitiva, qué es lo que debe suceder para que nuestras vidas se dirijan en dirección de mejorar las cosas.

Como ha quedado demostrado, se trata de derribar una barrera (el pensamiento negativo propio de la ansiedad y la depresión) y elevar una fortaleza nueva. Vamos a ver esto más de cerca para poder comprender mejor este asunto.

La solución total no está solo en dejar de hacer, sino en hacer algo nuevo, entonces todos los ejercicios que hemos visto hasta ahora consisten en dejar de lado la ansiedad y la depresión pero ¿qué haremos una vez logrado todo lo que te recomendé anteriormente? vamos a seguir los siguientes consejos.

Consejo # 1: Cambia tu manera de pensar

Si cambias tu manera de pensar de una estructura de dolor, de negatividad, estarás condicionando a tu mente y tu cuerpo que accionen justamente en la dirección correcta para lograr aquello que te propongas, asumamos entonces que tu problema estaba relacionado con la interacción social debes preparar tu mente justo para aquello que en otra ocasión era completamente un reto, debes hacer tus nuevos planes involucrando desde luego la posibilidad de cambiar ese aspecto en tu vida.

Consejo # 2: Dirige tus acciones hacia el lado correcto

Ahora es momento de hacer exactamente lo que en otro tiempo no te resultaba para nada fácil lograr, siguiendo el caso anterior deja de enfrenta los posibles rezagos de miedo que aun puedan quedar en tu vida y ve a relacionarte, haz nuevos amigos vive en función de los sueños que quieres alcanzar, no permitas que nuevamente el temor arrope tu vida.

Consejo # 3: Practícalo tantas veces como puedas

Convierte de estas acciones hábitos, no se trata de algo que vayas a realizar una sola vez sino que debes hacerlo una rutina de vida, todo dependiendo desde luego de la situación que se esté manejando, hay situaciones puntuales que desde luego no requieren más que superarlos, como por ejemplo las ansiedades producida por fobias puntuales, lo que estoy

aconsejando en esta oportunidad se refiere específicamente a los casos en que la situación afecta directamente el desarrollo de la vida del individuo.

Aumentará tu autoestima y autoconfianza

Uno de los efectos más peligrosos y que deja serias
secuelas en las personas suele ser el pensamiento en
contra de las capacidades del individuo, esto justamente sucede por los efectos negativos de la depresión y la ansiedad, es que en realidad cuando una
persona está afectada por la ansiedad se limita
profundamente las capacidades de la persona.

Esto anterior es resultado directo de los efectos del
estado de ánimo que resulta afectar la vida de la
persona que lo está padeciendo, de manera que tras
lograr de forma efectiva conseguir los resultados
como consecuencia de los distintos ejercicios que se
han planteado en este volumen, uno de los efectos
directos que se pueden conseguir es encontrar el
valor que una vez se habían perdido.

Me estoy refiriendo directamente a la confianza,
esto se debe justo al valor que se recupera tras
conseguir como un hecho que es posible salir
adelante a pesar de lo difícil que podía parecerle
poco tiempo atrás justo cuando la ansiedad y la

depresión le gritaban en la mente que no tenía la posibilidad de hacer o lograr absolutamente nada.

Pero esto puede no ser un beneficio en sí mismo, quiero que veamos brevemente cuál es el resultado directo de aumentar la confianza en uno mismo.

1. La autoconfianza es el culpable directo de la autoestima, es decir se destruye por completo la timidez, la inseguridad y el nerviosismo a la hora de emprender nuevos caminos en la vida.

2. Una vez que confías plenamente en ti en consecuencia en tus capacidades, pero igualmente en tus talentos, eres completamente capaz de construir la vida que tanto deseas pero a la manera que desees hacerlo, tu sabes que puedes y recuerda que tal como lo mencione hace un momento, si lo crees condicionas tu mente completamente para que eso que deseas suceda.

3. Uno de los aspectos más importantes es a nivel social, recuperar tu autoconfianza te permite establecer de manera más fácil la relación con otras personas, ahora bien ¿qué significa eso? Esto puede tener serias

implicaciones con el transcurso de tu vida, ya que esto supone que podrás encontrar el amor y aumenta la posibilidad de que tengas un futuro maravilloso con una familia, pero no solo eso, hacer negocios será de igual manera una posibilidad latente, así que esto hace más que imprescindible superar la ansiedad, puedes lograr el negocio de tus sueños.

Son solo algunos de los beneficios que representa haber recuperado la autoconfianza, sin embargo hay ciertos aspectos de una vida llena de autoconfianza que requieren tu especial atención y no debes descuidar, recuerda que los extremos son malos y si permites que la balanza se incline demasiado hacia uno de los dos lados podrás cometer errores, sobre todo si se excede el tema de la autoconfianza, cuídate de los siguientes aspectos:

1. No pierdas de vista el piso, recuerda lo que es real y lo que es producto de la fantasía, tener autoconfianza no te convierte en un superhéroe, por lo tanto ten cuidado de no hacer cosas que al final de la jornada termine por traducirse en fracasos o desilusiones, no

sea que esta situación termine por despertar nuevamente los estragos de los miedos y vuelva la desconfianza en ti, y esto vaya a terminar por lanzarte nuevamente en los brazos de la ansiedad.

2. Debes tener un especial cuidado con la soberbia, es muy peligroso el desequilibrio en este sentido, ya que un sentimiento de autoconfianza elevado puede generar un exceso confianza y desarrollar esta cualidad que en lugar de crearte buenas relacionas puedes llegar a aislarte más de la vida social, y generar el rechazo de las personas de tu entorno.

3. Caer en autoconfianza exagerada es un peligro, ya que se puede caer en el error de creer que todas las decisiones que se tomen son correcta, y justo allí radica el peligro, no se puede perder de vista la necesidad de recibir orientación de las personas que tienen más experiencia en el ámbito que sea.

En conclusión recuperar la autoconfianza puede ser un arma de doble filo si no se tiene el cuidado preciso, y cuidado con este mensaje, es importante y necesario recuperar la autoconfianza, solo se debe desarrollar junto a la ecuanimidad, la una sin la otra es un gravísimo error.

Enfrentar los miedos y superar la ansiedad se traducen en mejor salud

Sobre este asunto hemos hablado antes, la repercusión que los temores y la ansiedad tiene sobre un individuo trasciende el plano de lo mental, aunque indudablemente la salud más importante está en la salud de la mente, ya que una mente saludable es la posibilidad de un cuerpo sano, sin embargo sobre el tema de la mente saludable quiero reservarlo para finalizar este capítulo, aunque pueda parecer que es contradictorio comenzar por los efectos en lugar de iniciar por la causa, todo tiene su razón de ser.

Como quedó demostrado antes el impacto de las emociones negativas puede tener efectos terriblemente dañinos en la persona en muchos ámbitos, de manera que una vez que se logra llevar a cabo cada uno de los consejos que has leído en este capítulo, vas a lograr los siguientes resultados en tu cuerpo.

Lo primero es que disminuyes las probabilidades de padecer problemas relacionados con el corazón, los continuos estados de ansiedad va aumentando la posibilidad de desarrollar enfermedades cardíacas, igualmente puede generar conflictos serios que tienen incluso la capacidad de generar accidentes cerebrovasculares.

Ya hemos visto cómo es que los síntomas generados por los miedos pueden desarrollar síndrome metabólico, o problemas relacionados con la hiperglicemia, perdida de sensibilidad a la insulina, todo esto puede desarrollar problemas serios tal como la obesidad y todo lo que esto implica.

Lo otro que es preciso evaluar es que si has logrado superar todos estos problemas siguiendo cada uno de los pasos que te he dejado registrado en cada uno de los capítulos, sobre todo en el apartado en el que te dejé explicito que debes realizar ejercicios y cambiar hábitos poco saludables como el consumo de tabaco te estás garantizando que tu salud pulmonar, respiratorio, tus biorritmos y cada aspecto de tu condición física mejorará de manera exponencial.

Salud a nivel mental

La mente es el epicentro de todo nuestro ser por lo tanto una mente saludable es la mejor manera de garantizar que todo los aspectos de tu vida estén y no solo estén sino que se mantengan saludables.

Ahora bien, es una realidad que todos podemos estar

expuestos por una o varias razones a situaciones que pueden afectar nuestra salud física, pero un buen estado de salud mental y emocional permitirá que ante cualquier tipo de eventualidad difícil en la vida pueda ser superada gracias al poder de determinación que se puede alcanzar al tener un estado emocional saludable.

John tenía 21 años, era estudiante de comunicación social, excelente estudiante, pero tenía una cualidad, era muy retraído y de pocas amistades, siempre tímido a causa de los problemas que desde chico presencio en casa, siempre se sintió muy vulnerable, siempre se refugió en su pasión, "las motocicletas" coleccionaba revistas, motocicletas miniaturas, era sencillamente un apasionado de las motos.

Su padre era chofer de un camión de Coca Cola para el que comenzó a trabajar John con tan solo 20 años en sus tiempos libres, su sueño era comprar una motocicleta y por ella trabajo durante dos años y medios.

Pero ante esas circunstancias de la vida que muchas veces no sospechamos que puedan suceder, John con apenas 3 días de haber adquirido la motocicleta sufrió un terrible accidente. El diagnóstico fue devastador perdería sus dos piernas, la fragilidad propia de los estados de ánimos de este chico lo llevó a una situación emocional precaria, al punto que su tristeza lo condujo a terminar por entregarse en los brazos de la muerte, todos los sueños de este chico lo llevaron a la más triste realidad.

El mismo destino sufrió Alejandra solo que esta era una gran deportista de maratón, y aunque lamentablemente vio frustrados sus sueños de campeona maratonista y de asistir a las olimpiadas, su buen estado emocional la ayudó a reponerse de manera fácil ante la adversidad a la que se presentaba y a donde la arrojaba a vida, hoy Alejandra es una gran jugadora de baloncesto en los campeonatos paralímpicos.

Esto es solo una de las tantas muestras que podemos tener de lo importante que resulta un buen estado de salud mental, saber gestionar correctamente nuestras emociones, es decir, no solo se trata de no contraer una gripe, sino de mantener un buen estado de ánimo ante esa gripe.

Es que efectivamente nuestro sistema inmunológico se fortalece de forma significativa cuando mantenemos un buen ánimo y ante cualquier adversidad es mucho más fácil lograr superarlo si mantenemos un estado de ánimo óptimo.

Sabemos después de ver este capítulo y evaluarlo a la luz de los anteriores que no solo es un buen propósito no tener la ansiedad ni ningunos de los detonantes de dicha situación, y pese a que esto ya representa un enorme beneficio, las ventajas que esto representan son en realidad enormes, se traduce en salud física, en salud social, en salud emocional, en definitiva es una necesidad, y un deber lograr superar la ansiedad y ya cuentas con las herramientas que necesitabas para iniciar tu camino, el momento de comenzar es justo ahora.

CONCLUSIÓN

¿Habías notado alguna vez el alcance que tiene los miedos? En el mundo de hoy se ha tratado de normalizar asuntos como la depresión, los temores y en consecuencia la ansiedad, sin embargo ha quedado claro tras evaluar cada uno de los capítulos de este trabajo la importancia que en realidad puede tener estos elementos en la vida de los seres humanos.

Se ha querido sacar partido de esta situación y hay casos muy lamentables en los que se ha tratado de demostrar que en realidad no es importante superar estos estados, sino que se puede vivir con ellos, tanto así que se ha intentado normalizar esta situación.

Pero cuál es la repercusión que esto tiene en la vida de un individuo, ¡vamos a verlo! Un estado de ansiedad puede desatar situaciones terribles como profundas depresiones, y no deja de ser cierto como es que esta situación se escapa de la mano al nivel que un profundo estado de depresión puede llevar incluso a perder atentar contra la propia vida, esto en algunos países se ha transformado en emergencia nacional.

Es allí donde radica la necesidad de darle la importancia a este asunto, cuando un país se preocupa por tener un estado de salud emocional en sus ciudadanos estamos ante un país cuyos índices de crecimiento en todos los aspectos son notables, la economía es saludable, las sociedades son saludables, la política es saludable, es decir que tener salud emocional es algo que puede catalogarse como un problema de estado.

Por lo pronto quizás estemos lejos de encontrar legislaciones que tomen en consideración la salud emocional de sus ciudadanos, por el contrario las tensiones que normalmente surgen en los países puede ser uno de los factores que esté generando en las personas los diferentes estados de preocupación y desesperanza propio de la ansiedad y la depresión.

Corresponde a cada uno de nosotros tomar las acciones correspondientes, y quiero darte una gran felicitación por haber tomado la determinación de dar el paso y disfrutar de una de las guías más completas que puedes encontrar respecto al tema de la ansiedad, desde el principio de este trabajo he dedicado todo el esfuerzo posible en que logres tener una claridad y despejar todas las dudas que puedan haber respecto a este asunto.

Qué es y qué no es la ansiedad es lo que te he dejado registrado en el primer capítulo, esto justamente por el error en el que se ha estado cayendo y que ha sido o se ha intentado hacer como normal como es la confusión reinante que ha habido entre lo qué es ansiedad y el estrés.

Por ello quedó entonces aclarado y despejado todo este asunto, ya sabes que el estrés presenta síntomas distintos a los de la ansiedad y que las fuentes de uno y otro son diferentes, aunque en la forma pueden tener ciertos parecidos incluso en algunos casos pueden haber nexos, no obstante son completamente diferente uno de otro.

Más tarde me ha parecido imprescindible tocar un tema como la importancia que representa superar cuanto antes abandonar un estado emocional como este, y es que tal como mencioné al principio de esta conclusión, no podemos por ningunas circunstancia abandonar la esperanza de superar esta situación, no se trata de un juego, la ansiedad es peligrosa, y por muchas razones, en primer lugar por los profundos estados de depresión en los que puede sumergir a una persona, y por otro lado por el impacto que esta condición puede tener sobre en la salud en general.

No solo la salud física, sino la salud integral, esto incluye la economía, la autoestima, la motivación al logro, el futuro de la persona está en juego sino considera resolver esta situación, sabemos que todos los seres humanos estamos diseñados para vivir en conexión y en interdependencia con otras personas, por este motivo es que el establecimiento de organismos sociales de vital importancia como la familia es un fin que nos gustaría a todos o casi todos alcanzar, no obstante, no deja de ser cierto que no todos están dispuestos a sobre llevar la carga que implica establecer una relación con una persona que es completamente insegura de sí misma.

Todo lo anterior hace que sea un verdadero reto que una persona que se encuentra atravesando un estado de ansiedad o depresión formalice de manera natural algún tipo de relación en el plano amoroso, lo cual puede asegurar que esto termine en ocasionar frustración y agudizar el problema inicial que es la ansiedad.

No solo eso, sino que una persona con ansiedad es una persona que puede desarrollar altos niveles de inseguridad en sí mismo, esto conlleva casi irremediablemente a dudar de sus propias capacidades, y quiero hacer un alto sobre este asunto por un momento.

Eres capaz de alcanzar solo aquello que decidas que quieres alcanzar, alguien dijo en una oportunidad que eres capaz de volar tan alto como tú mimo decidas volar, también, "solo es imposible aquello que no decidas realizar".

Tras esta serie de frases importantes quiero dejar claro una cosa y es exactamente lo que esta reflejado en el capítulo dos, no careces de capacidad, no careces de habilidad, la carencia real que puedes estar teniendo en un momento determinado se trata es a nivel mental, y aunque puedas estar convencido que no es posible para ti, lograr tal o cual cosa, tengo noticias importantes para ti: "todo el potencial está dentro de ti" y cuando digo todo es realmente todo,

¿pretendes seguir deteniendo el potencial que hay en ti?

Quiero que lo puedas ver, sino lo has logrado es porque la barrera del temor, la ansiedad, la depresión te ha mantenido en alto, y ha conllevado a que tu vida se mantenga e el punto que se encuentra, es momento de hacer algo para superarlo.

La fortuna con la que cuentas en todo este tema, es que las herramientas que tienes para superarlo son muchas y todas las he puesto en tus manos en el capítulo tres, el método de exposición, Mindfulness, y una serie de métodos psicoterapeutas que pueden ayudarte a superar todo este flagelo que has podido estar atravesando, técnicas sencillas para empezar a aliviar tu vida te las he dejado documentada en este libro, solo debes dar el primer paso.

Pero además de dichas técnicas hay ciertos consejos adicionales que te entregué y que te van a brinda el beneficio de superar la ansiedad, superar tus miedos y caminar rumbo a la verdadera y completa liberación de los estados de ansiedad patológicos.

Por ejemplo te he mostrado lo altamente productivo que puede resultar para este fin comenzar a realizar algún tipo de deporte en tu día a día, sobre este asunto no se trata de ser radical, no implica de ninguna manera que debes crear un estado desesperado por hacer ejercicios duros y creer que esto se logra de esta manera, ve poco a poco, paso a paso, comienza por caminar cada día, durante las mañanas es mucho mejor, crea un contacto con la naturaleza, busca un parque que se encuentre repleto de árboles de manera que te brinde un espacio con un ambiente purificado.

Procura los rayos de sol de la mañana y permítele a tu cuerpo que te brinde buenas dosis de vitamina D, el secreto está en que camines al menos 30 minutos diarios, esto como mínimo para empezar, de acuerdo a tu estado físico, en el caso que puedas estar muy fuera de condiciones hazlo en dos bloques de 15 minutos, uno por la mañana y otro por la tarde, lo importante es que esos quince minutos sean de pasos continuados, a un ritmo con el que llegues a acelerar levemente tu ritmo cardiaco.

En el trascurso de dos semanas auméntalo 15 minutos más, y luego repites el aumento hasta que hagas un mínimo de una hora diaria. Cuando ya domines esta situación estamos listos para asumir una disciplina, puedes apuntarte al gimnasio comenzar con trabajo aeróbicos y luego si lo quiere los trabajos anaeróbicos son de gran ayuda, pero es importante que siempre te mantengas en control y supervisión estricta de tu médico.

Esto mismo se aplica en el ámbito de la alimentación, te he dejado claro que la alimentación juega un papel importantísimo en todo este asunto, lo mejor que puedo dejarte en este momento es que hables con un nutricionista y dejes claro la condición emocional en la que te encuentras y le pides que te oriente de manera correcta en la alimentación correcta para mejorar tu esta do de salud mental.

Abandona viejos hábitos dañinos como el cigarrillo, el abuso de alcohol y de manera urgente si te has visto envuelto en el consumo de algún tipo de drogas, así como lo han logrado muchas personas que pueden haber atravesado esta situación y hoy por hoy son personas completamente libres de todo el yugo de la ansiedad.

Sobre esto anterior te he dejado documentado algunos de los casos más emblemáticos de personas sumamente conocidas por su trayectoria artística y que se vieron afectado por estados de ansiedad y depresión y que gracias a técnicas como el Mindfulness lograron salir de su estado caótico, pero además algunos de ellos lograron hacerlo sencillamente con los ejercicios de relajación que ya he mencionado anteriormente.

No queda más que poner manos a la obra y asumir el compromiso desde lo más profundo de tu ser de tomar la ansiedad y decirle de una forma definitiva y para siempre, ¡Adiós!

www.ingramcontent.com/pod-product-compliance
Lightning Source LLC
Chambersburg PA
CBHW031127020426
42333CB00012B/271